LE CHATEAU DE CLAGNY

ET

MADAME DE MONTESPAN

D'APRÈS

LES DOCUMENTS ORIGINAUX

HISTOIRE D'UN QUARTIER DE VERSAILLES

PAR

Pierre BONNASSIEUX

ET COLLIGAM

A PARIS

Chez Alphonse PICARD, Libraire

RUE BONAPARTE, 82

M. D. CCC. LXXXI

LE CHATEAU DE CLAGNY

ET

MADAME DE MONTESPAN

PAULATIM

Tiré à petit nombre, dont :
Cinq sur papier de Chine,
Et vingt sur papier vert d'eau.

DE L'IMP. DES ÉDITEURS
BONNEDAME ET FILS
A ÉPERNAY

FRAN ATHENAISTE DE ROCHECHOVART MAR DE MONTESPAN

LE CHATEAU DE CLAGNY

ET

MADAME DE MONTESPAN

D'APRÈS

LES DOCUMENTS ORIGINAUX

HISTOIRE D'UN QUARTIER DE VERSAILLES

PAR

Pierre BONNASSIEUX

ET COLLIGAM.

A PARIS

Chez Alphonse PICARD, Libraire

RUE BONAPARTE, 82

M. D. CCC. LXXXI

A MONSIEUR LÉON SALLERON

LE

CHATEAU DE CLAGNY

ET

MADAME DE MONTESPAN

 l'endroit de Versailles où se trouve aujourd'hui le quartier de Clagny, Louis XIV avait fait construire pour Mme de Montespan un magnifique château dont les plans avaient été donnés par Mansart et les jardins dessinés par Le Nôtre.

Il ne reste aucune trace de cet édifice, l'un des plus régulièrement beaux de l'Europe, au dire des contemporains; et tandis que les moindres rues de Versailles (1) ont déjà vu recueillir les souvenirs

(1) V. Le Roi, *Histoire de Versailles, de ses rues, places et avenues,* Versailles, 2 vol. in-8°.

de leur passé, le Château de Clagny attend encore son historien. Il n'appartiendrait qu'à un artiste de décrire avec compétence l'œuvre de Mansart; mais il nous a semblé qu'il nous serait permis de résumer les circonstances dans lesquelles elle a été élevée.

En réunissant les éléments de cette étude, nous avons été amené à nous demander ce qu'était Clagny avant Louis XIV, et ce qu'il est devenu depuis.

C'est le résultat de ces diverses recherches que nous présentons au lecteur.

I

CLAGNY DU XIVᵉ AU XVIIᵉ SIÈCLE

ARMI les petits fiefs qui existaient au moyen-âge dans le Val-de-Gally, emplacement actuel de Versailles, figurait celui de Clagny.

Le domaine du seigneur de Clagny comprenait, suivant une description du XVIᵉ siècle (1), « une « grosse tour carrée, antienne habitation dudict « seigneur, contenant quatre chambres l'une sur « l'aultre, garderobbes, cabinetz et grenier au- « dessus ; aux deux costez de la dicte tour et ès « environs d'icelle y ayant deux corps d'hostel, « l'un servant de cuisine, chambre, grenier au- « dessus pour le commung ; et l'aultre d'estable à

(1) Acte du 26 juillet 1597 (Arch. nationales, titres de propriété de Clagny, P. 22532).

« chevaulx et grenier au-dessus; colombier à pied
« carré; une grange vis-à-viz de la dicte tour carrée
« contenant huict travées ou environ; la ferme à costé
« contenant quarante toizes de long ou environ de
« bastiment neuf consistant en plusieurs escuries,
« greniers au-dessus, chambre pour l'abitation du
« fermier et estables pour ses bestiaulx, le tout cou-
« vert de thuilles avec ung commancement de grange
« faict de massonnerye seullement, sans aucun
« marrin, non couvert; au derrière de la dicte tour
« carrée y aiant court, jardin (1), parterre eslevé en
« terrasses, verger contenant plusieurs arbres fruic-
« tiers, tous les ungs dans les aultres de murailles
« et le tout encloz dans lesdictz quarante arpens,
« tant pour servir au seigneur que au fermier; audict
« fief y ayant aussy droict de justice moienne et
« basse; plus hors le dict parc ung estang, chaussée
« et bottois servant à pescherie nommé le grand
« estang de Clagny, contenant trente-six arpens ou
« environ, borné ».

Dans un autre acte, l'habitation est indiquée
comme se composant d'une grosse tour carrée (2)

----

(1) Ce jardin était d'un demi-arpent.

(2) Le manoir ne comprenait que cette grosse tour et quelques
dépendances; d'où le nom de *Tour de Clagny* sous lequel on le
désignait quelquefois au moyen-âge.

« contenant une salle et trois chambres l'une sur
« l'autre » (1).

Ce n'était pas, on le voit, une demeure bien importante ni bien confortable, puisqu'il ne s'y trouvait
qu'une pièce par étage. Aussi les seigneurs de
Clagny n'y résidaient-ils pas habituellement. Pourvus
la plupart de charges considérables, ils demeuraient
à Paris et ne venaient que rarement au Val-de-Gally.
Ils ne manquaient pas cependant d'y faire chaque
année quelque apparition, ne fût-ce que pour se
reposer un instant du bruit des affaires ou pour re-
nouveler le bail du fermier (2). Celui-ci devait alors
certaines redevances : de l'avoine et du foin pour
les chevaux du seigneur, des pigeons pour sa table ;
mais si le séjour se prolongeait au delà de quelques
jours, on remboursait au fermier ce qu'il fournissait.

Les routes ne manquaient pas pour venir de Paris
à Clagny. La principale était celle de Paris à Versailles. Des chemins reliaient directement Clagny à
Versailles, à Sèvres, à Ville-d'Avray et à Montreuil (3).

---

(1) Acte de vente de Clagny du 30 novembre 1665 (Arch. nat.,
P. 2253²).

(2) V. aux *pièces justificatives*, n° 1, un spécimen de ces baux
(acte du 24 avril 1531).

(3) Sur ces divers chemins, V. aux Archives nationales le
registre coté S. 3819 (f°s 90 v°, 231 v°, 246 etc.), le dossier
O¹ 3925 et les titres de propriété de Clagny déjà cités (P. 2253²).

De Montreuil, deux chemins conduisaient même à Clagny; et l'un d'eux allait jusqu'à Jardy. Un autre chemin, si ce n'est l'un des deux que nous venons de citer, joignait Montreuil à Glatigny (1), sans doute en passant par Clagny.

Au point de vue féodal, Clagny relevait du fief de Glatigny en plein fief et en arrière-fief de celui de Versailles (2).

Quant aux seigneurs de Versailles, ils prêtaient eux-mêmes foi et hommage aux religieux Célestins de Paris.

Ces derniers possédaient le fief de Porchefontaine et de Montreuil (3) et étaient les vrais suzerains de

(1) Un acte de 1473, déc., mentionne un chemin allant de Montreuil à Glatigny (Arch. nat., reg. S. 3819, f° 251 v°).

(2) L'histoire des seigneurs de Glatigny et de ceux de Versailles n'a pas été faite encore; quelques éléments en ont seulement été réunis dans l'ouvrage anonyme intitulé « Versailles, seigneurie, château et ville » dû, comme on le sait, à M. de Ste-James-Caucourt. (Versailles, 1839, in-8°.)

(3) Ce fief avait appartenu à Simon de Cramault, évêque de Poitiers et chancelier du duc de Berry, qui l'avait vendu le 21 septembre 1389 à Pierre de Craon, pour 10,000 francs d'or.

Pierre de Craon ayant été banni en 1392 pour la tentative d'assassinat par lui commise contre le connétable de France, Olivier de Clisson, ses biens furent saisis et confisqués. Le Roi en donna une part aux Célestins de Paris et une autre au duc d'Orléans, qui en fit lui-même abandon en faveur des religieux (Arch. nat., reg. S. 3319, f° 9 et 9 v°). V. aussi Le Roi, Histoire de Versailles, t. I, p. 442.

la contrée. Ils avaient à Porchefontaine un hôtel seigneurial élevé sur les ruines d'une « belle forteresse » démolie en 1392 (1) et un « maire et garde » de leur justice les représentait à Montreuil (2). Un petit fief, relevant directement des Célestins, fut de bonne heure réuni à celui de Clagny, le fief du Martroy, sis au terroir de Montreuil, et dont nous aurons lieu de reparler.

Tel était au moyen-âge le domaine de Clagny, « On n'en connait », dit l'abbé Lebeuf, « qu'un sei-« gneur, qui est Pierre Lescot, abbé de Clermont » (3).

Pierre Lescot, le grand architecte du Louvre, vivait au XVIe siècle ; mais deux siècles avant, en dépit de l'assertion du savant abbé, des seigneurs de Clagny existaient déjà.

En voici la liste aussi complète que possible.

I. Guillaume de Vitry.

Le plus ancien seigneur de Clagny dont il nous

(1) Dans un acte des 23 et 24 juin 1394, des habitants de Montreuil témoignent de la récente démolition de cette forteresse (Arch. nat., reg. S. 3819, f° 19 v°).

(2) En 1487, juillet, Jean Le Maire est maire et garde de la justice et seigneurie de Montreuil (Reg. S. 3819, f° 229 v°).

(3) Lebeuf, *Histoire du diocèse de Paris*, (Paris, 1757, in-12), t. VIII, p. 332.

ait été donné de constater l'existence est Guillaume de Vitry, qui vivait dans la seconde moitié du xive siècle.

On rencontre bien au xiiie siècle un Pierre de Clagny (1) et, en 1367, une certaine Jeanne de Clagny (2) ; mais on ne peut dire d'une façon certaine s'ils avaient quelque attache avec le fief de Clagny. Cependant, Jeanne de Clagny qui était, nous le savons, dame de Versailles (3), avait peut-être avec Clagny un rapport autre que de nom.

Pour Guillaume de Vitry, l'acte qui le fait connaître est un aveu de la terre de Versailles, rendu le 10 avril 1454 (n. s.) par la dame de ce lieu, Marie Rigaude, veuve de Me Michel de la Tilloye, aux Célestins de Porchefontaine. Marie Rigaude mentionne, en ces termes, les fiefs tenus de Glatigny et relevant comme arrière-fiefs de sa terre de Versailles : « Et premièrement le fief de Clany que souloient « tenir la femme et héritiers de maistre Guil- « laume de Vitry, et de présent le tient maistre « Jehan Dauvet, procureur du Roy en Parlement « comme l'en dit » (4).

---

(1) Guérard, *Cart. de N. D. de Paris*, t. III, p. 359.
(2) Accord du 13 janvier 1367 (n. s.) (Arch. nat. X1c 17).
(3) V. Arch. nat., reg. S. 3819. fo 64.
(4) Arch. nat., reg. S. 3819 fos 97 vo et 98.

LA TOUR DE CLAGNY au moyen-âge.

Vue de l'ancien Château, d'après un tableau du Musée de Versailles.

Guillaume de Vitry était notaire et secrétaire du Roi. A la Noël de 1389 (1), il figurait le quatrième sur les états de paiements des notaires royaux ; et comme ils étaient alors au nombre de 35, son rang montre l'ancienneté de ses services (2).

A ce moment, Guillaume n'avait certainement pas moins de 30 ans. Il serait donc né, au plus tard, vers 1360 (3).

A la fin de 1389, Guillaume de Vitry accompagna Charles VI dans le voyage de fêtes et de plaisirs qu'il faisait alors à Avignon et dans le Languedoc. Le roi lui fit don à Montpellier, le 31 janvier 1390 (n. s.), d'une somme de 200 francs d'or (4). Le 30 avril de la même année, Guillaume toucha du roi 100 francs pour la robe de Pâques que chaque clerc de la Chancellerie royale recevait alors. La quittance

(1) Arch. nat., *Comptes de l'Hôtel*, reg. KK. 30 fo 64 vo.

(2) Cependant Guillaume de Vitry n'est pas sur la liste des secrétaires et notaires du Roi dressée le 25 décembre 1381 (V. reg. KK. 30 fo 31).

(3) Nous ne connaissons aucun de ses parents.

En 1346-1350 vivait un Philippe de Vitry, conseiller-maître des requêtes de l'Hôtel ; en 1374, un Michel de Vitry, marchand et bourgeois de Paris ; en 1405, un Gilles de Vitry, premier valet de chambre du Dauphin ; en 1476, un Guillaume de Vitry, conseiller au Parlement (Bibl. nat., *Cabinet des Titres*, dossier Vitry). Mais nous ne saurions dire s'ils étaient attachés par quelque lien à notre personnage.

(4) Bibl. nat., *Cabinet des Titres*, dossier Vitry.

originale existe encore, signée de la main même du premier seigneur de Clagny (1).

Du 1er janvier 1405 au 1er juillet 1406, Guillaume de Vitry reçut pour ses gages 49 l. 16 s.; soit par jour six sous parisis (2). Il est alors le troisième sur la liste des notaires du roi (3). Un acte nous prouve qu'il était encore vivant le 24 décembre 1407 (4); mais un autre acte du 26 mai 1411, le mentionne comme défunt (5). Un compte de la Noël 1409 ne montre déjà plus Guillaume de Vitry parmi les clercs de la Chancellerie royale (6). La date de sa mort peut donc être fixée entre le 24 décembre 1407 et le 25 décembre 1409.

Guillaume de Vitry avait épousé, nous ne savons

(1) Bibl. nat., *Cabinet des Titres*, dossier Vitry.

(2) Arch. nat., reg. KK 31-32, fo 9.

(3) Arch. nat., même reg., fo 12 vo. Les bureaux de la Chancellerie royale comprenaient : 1o les clercs simples ; 2o les clercs des requêtes ; 3o les maîtres des comptes ; 4o les clercs des comptes ; 5o les secrétaires ; 6o les notaires. (V. aux Arch. nat., le reg. KK 30, fo 64 vo.)

(4) A cette date, un échange de terrains se fit entre les Célestins et « honnorable homme et saige maistre Guillaume de « Vitry, notaire et secrétaire du Roy » (Arch. nat., reg. S. 3819, fo 68).

(5) V. Arch. nat., reg. S. 3819 fo 72, accord entre les Célestins et Jean Rigaud.

(6) Arch. nat., reg. KK 31-32, fo 13.

à quelle époque, Jeanne de Sens (1) fille du président au Parlement Guillaume de Sens et de Eudes la Pisdoe (2).

Elle lui survécut au moins jusqu'en 1425 (3).

Une fille était née de cette union, Eudes ou Ode de Vitry, qui, ayant épousé un certain Bureau Boudrac, lui apporta Clagny en dot. Il figure ainsi le deuxième sur notre liste des seigneurs de Clagny.

II. BUREAU BOUDRAC (ET EUDES DE VITRY).

Bureau Boudrac était bourgeois de Paris (4). Il prêta serment en cette qualité le 29 août 1418 à Jean-sans-Peur, duc de Bourgogne (5). Comme son beau-père, Guillaume de Vitry, il était attaché à la Chancellerie royale en qualité de notaire et secrétaire (6). Des comptes de la Prévôté de Paris

(1) Bibl. nat., *Cab. des Titres,* dossier Vitry.

(2) V. Arch. nat., reg. XIA 57, fo 149.
Le testament de Eudes La Pisdoe nous apprend qu'elle épousa en secondes noces Jacques Lempereur, écuyer, échanson du Roi (Arch. nat., reg. XIA 9807).

(3) Bibl. nat., *Cab. des Titres,* dossier Vitry.

(4) Les armes de Boudrac étaient d'or au dragon ailé de gueules (Leroux de Lincy, *Paris et ses historiens,* in-4°, p. 377).

(5) Leroux de Lincy, *ibid.*

(6) Bibl. nat., *Pièces originales,* reg. 441, v9 Boudrac.

de 1423 à 1427 le montrent aussi clerc de la Chambre des comptes (1).

En 1434, un grand honneur fut fait au seigneur de Clagny (2). Il fut envoyé en ambassade au nom du roi à Corbeil (3). Dans des documents parisiens de 1423 à 1434, le roi de France n'est autre, on le sait, que Henri VI, roi d'Angleterre, petit-fils et héritier momentané de Charles VI.

C'est donc à la Chancellerie de Charles VI et d'Henri VI que Bureau Boudrac appartenait et non, comme on l'a dit (4), à celle de Charles VII.

Quand il mourut (5), on l'enterra dans l'église des Saints-Innocents (6) ; et sa femme, qui lui

(1) Sauval, *Rech. dés antiquités de Paris*, t. III, p. 327.

(2) Peut-être faut-il lire 1431 au lieu de 1434? V. la note relative à la mort de Bureau Boudrac.

(3) Sauval, *Rech. des antiquités de Paris*, t. III, p. 590.

(4) Le Père Anselme dit que Bureau Boudrac était secrétaire de Charles VII (*Hist. de la maison roy. de France*, t. VIII, p. 774).

(5) Suivant un compte publié par Sauval, Bureau Boudrac serait mort en 1434 (t. III, p. 590). D'après un épitaphier de l'église des Saints-Innocents, sa mort devrait être placée le 3 avril 1434 (Lebeuf, *Hist. du diocèse de Paris*, édition Cocheris, t. I, p, 202). Aux termes du même épitaphier, Eudes de Vitry serait morte le 7 mars 1484.

(6) Cette église était au coin de la rue Saint-Denis et de l'ancienne rue aux Fers, vers l'angle nord-est du square actuel (Le Roux de Lincy, *Historiens de Paris*, in-4°, p. 183).

survécut longtemps, vint l'y rejoindre vers
1484 (1).

Bureau Boudrac et Eudes de Vitry avaient eu
une fille nommée Jeanne qui épousa, avant le
10 avril 1454 (n. s.), Jean Dauvet (2) et le rendit
par ce mariage seigneur de Clagny.

III. Jean Dauvet (et jeanne Boudrac).

Jean Dauvet était l'un des premiers personnages
de son temps. Issu d'une vieille famille d'Anjou, il
était fils de Jacques Dauvet et de Iolande de Ville-
prouvée (3). Il fut de bonne heure honoré de l'estime
particulière de Charles VII et de Louis XI et reçut
plus d'une marque de l'affection que ces rois lui
portaient. C'est ainsi que Charles VII l'envoya tour
à tour en ambassade auprès du Pape et au Concile
de Bâle (1435) et que Louis XI, après l'avoir nommé
(1458) Premier Président au Parlement de Tou-

---

(1) Bibl. nat., reg. 441, v° Boudrac.
(2) Dès le 10 avril 1454 (n. s.) Jean Dauvet est indiqué comme
seigneur de Clagny (Arch. nat., reg. S. 3819, f° 97 v° et 98).
(3) Blanchard, *Hist. des Premiers Présidents*, p. 41. Les
Dauvet portaient un écu bandé de gueule et d'argent de six pièces,
la première bande d'argent chargée d'un lion de sable (Bibl. nat.,
Cab. des Titres. dossier Dauvet).

louse (1), l'appela plus tard au même titre à celui de Paris (2).

Au milieu de ses importantes occupations, Jean Dauvet n'avait guère le temps de penser au petit domaine de Clagny, et il se trouvait quelquefois en retard pour rendre ses devoirs aux seigneurs de Glatigny et de Versailles, ses suzerains.

C'est ce qui lui arriva, par exemple, en 1454, et la dame de Versailles, Marie Rigaude, ne lui épargna pas de justes reproches sur son inexactitude (3). Mais Jean Dauvet ne semble pas y avoir été fort sensible ; et ce n'est qu'en 1457 qu'il s'acquitta envers Marie Rigaude de ses obligations féodales (4).

Jean Dauvet mourut le 23 novembre 1471 (5),

(1) Jean Dauvet avait d'abord été « Procureur du Roi en Parlement ».

(2) Le P. Anselme, *Hist. de la mais. roy. de France*, t. VIII, p. 774, dit que ce fut en 1464. Cependant Dauvet figure encore avec le titre de Premier Président du Parlement de Toulouse dans un acte du 5 octobre 1465 (V. Arch. nat., J. 393, n° 2).

(3) Acte du 10 avril 1454 (n. s.) (Arch. nat., reg. S. 3819, fo 97 v° et 98).

(4) Reçu de 30 écus d'or délivré le 23 novembre 1457 par Marie Rigaude, dame de Versailles, à Jean Dauvet et à Jeanne Boudrac, sa femme. Cette somme était celle à laquelle se montaient le droit de relief et les autres profits féodaux dûs à raison du fief de Clagny (Arch. nat., P. 2253²).

(5) Le P. Anselme, *Hist. de la mais. roy. de France*, t. VIII p. 774.

onze ans après sa femme (1). Ils laissaient plusieurs enfants, dont l'aîné, Guillaume, devint après eux seigneur de Clagny

IV. Guillaume Dauvet.

Guillaume, conseiller-maître des requêtes de l'Hôtel du Roi (2), avait épousé Jeanne Lhuillier, dame de Rieux et de Fraucourt, fille de Gilles Lhuillier, seigneur d'Urcines (3). Il s'intéressa beaucoup à la terre de Clagny; et plusieurs actes le prouvent. Tels sont notamment les baux qu'il passa tour à tour avec ses divers fermiers.

Ainsi le 8 août 1472, affermant Clagny pour 9 ans, Guillaume exige du fermier, Étienne Hervé, l'engagement de défricher chaque année, pendant la durée du bail, deux arpents de terre. N'était-ce pas la meilleure manière d'améliorer le domaine où trop de friches et de bruyères existaient encore? Il stipule aussi qu'Étienne Hervé devra durant l'hiver, protéger des glaces l'étang de Clagny « et icelles « rompre au mieulx que fère le pourra ». La terre

---

(1) Jeanne Boudrac était morte le 28 mars 1460 (Blanchard, *Hist. des Prem. Prés.*, p. 41).

(2) Il l'était au moins dès le 8 août 1472 (Arch. nat., P. 2253²).

(3) Bibl. nat., *Cab. des Titres*, dossiers Dauvet et Lescot.

étant petite, la redevance annuelle du fermier n'était
pas considérable. Trois muids et demi de grains, deux
pourceaux, deux charretées de foin, il ne devait
rien autre au seigneur (1).

Un autre bail, conclu le 27 juillet 1517 (2) avec
Jean Bergue, rappelle l'obligation où se trouve le
fermier de fournir gratuitement le foin, l'avoine et
la paille nécessaires aux chevaux de Guillaume
Dauvet, lorsque celui-ci arrive pour un jour ou deux
à Clagny, ou quand il y vient faire la pêche de
l'étang (3).

De 1506 à 1510, Guillaume Dauvet acheta plus
d'une fois, de divers paysans de Glatigny, ou des
environs, des terrains contigus à Clagny (4); mais
c'est par l'acquisition du fief du Martroy qu'il agran-
dit surtout son domaine.

Ce petit fief, appelé au moyen-âge la grange du
Martroy, dépendait, nous l'avons dit, des Célestins
de Montreuil. Il avait appartenu en 1384 (5) à

(1) Arch. nat., P. 2253², acte du 8 août 1472.
(2) Arch. nat., P. 2253², acte du 27 juillet 1517.
(3) L'étang comprenait 36 arpents environ. Le droit de pêche
figurait, on le sait, parmi les principaux droits seigneuriaux.
(4) V. les actes des 16 avril 1506, 6 décembre 1509 et
4 mai 1510 (Arch. nat., P. 2253²).
(5) Aveu rendu par Guillaume de Champignolles, le 8 juillet 1384, à Guillaume de Villoflain, pour la grange du Martroy
(Arch. nat., reg. S. 3819, f° 229).

Guillaume de Champignolles, bourgeois de Paris, était passé, à sa mort, à ses enfants (1), et se trouvait, en juillet 1487, entre les mains de Michel ou Michellot Fontaine, laboureur de Montreuil (2). La maison d'habitation était à Montreuil, et la terre s'étendait entre Clagny, Montreuil et la butte de Montbauron. C'est sans doute de Michel Fontaine que Guillaume Dauvet acheta le Martroy ; mais nous ne saurions l'affirmer. Toujours est-il que le 16 septembre 1515 (3), Guillaume en rendit hommage aux Célestins. Il reconnut tenir, entre autres choses, 22 arpents de terre sis entre Clagny et Montbauron. C'était assurément la meilleure part de la propriété.

Ainsi fut réuni à Clagny le fief du Martroy pour ne plus en être séparé. Il n'y eut désormais de distinction entre eux qu'au point de vue féodal : Clagny relevant directement du fief de Clatigny, et le Martroy de celui de Montreuil (4).

Guillaume Dauvet avait eu de nombreux enfants, parmi lesquels une fille appelée Anne. Quand il

---

(1) Guillaume en laissait de deux lits, ayant eu deux femmes nommées : la première Héloïse, la seconde Pernelle. Une fille de la première, Amelot, épousa Robert Chappelain, bourgeois de Paris (Arch. nat , reg. S. 3819, fo 229 vᵇ).

(2) Arch. nat., reg. S. 3819, fo 229 vᵒ.

(3) Arch. nat., reg. S. 3819, fo 229 vᵒ.

(4) Pour plus de détails sur le fief du Martroy, V. aux Archives nat. les registres S. 3796 ᴬ⁻ᴮ.

mourut, le 6 août 1520 (1), Anne hérita de Clagny ;
et son mari, Pierre Lescot (2), en devint ainsi seigneur.

V. Pierre Lescot Ier (et Anne Dauvet).

Pierre Lescot était fils d'un général des aides,
seigneur de Lissy (3) et de Jeanne de Chanteprime.
Il suivit avec distinction la carrière paternelle, fut
nommé procureur du Roi en la Cour des aides le
19 octobre 1504 (4), et y devint, au moins dès 1526,
procureur général. Le 25 novembre 1526, il donna
quittance en cette dernière qualité d'une somme à
lui ordonnée à raison des obsèques de Claude, reine
de France, morte le 20 juillet 1524 (5).

De 1518 à 1519, il avait eu l'honneur d'être
nommé prévôt des marchands de la ville de Paris (6).

(1) Le P. Anselme, t. VIII, p. 775.

(2) Le dossier *Lescot* du Cabinet des Titres (Biblioth. nat.)
signale le mariage de Pierre Lescot avec Anne Dauvet, mais sans
en donner la date.

(3) Ce général des aides s'appelait lui-même Pierre Lescot.

(4) Il fut reçu le 4 novembre 1504. (V. Berty, *Topog. hist.
du Vieux Paris*, t. I, p. 207 et suiv.)

(5) *Nouvelles archives de l'Art Fr.* (Paris, 1875, in-8°) p. 163.
Quittance publiée et annotée par M. de Montaiglon.

(6) *Nouv. arch. de l'Art Fr.*, ibid.

Pierre Lescot tenait de son père la terre de Lissy (1), et son mariage avec Anne Dauvet lui avait donné Clagny.

Le 11 juillet 1525 (2), il acheta d'un habitant de Glatigny un terrain destiné à agrandir Clagny. En dehors des baux qu'il eut à signer (3), c'est le seul acte qui se rattache, croyons-nous, à l'administration du domaine qui fait l'objet de cette étude.

Pierre Lescot mourut, en 1533 (4), laissant plusieurs enfants : Léon, Marie, Jean (5) et Pierre. Ce dernier, le fameux architecte de la Renaissance, devint après son père seigneur de Clagny.

VI. Pierre Lescot II, architecte du Louvre.

Si le nom de Lescot est célèbre, sa vie est peu

(1) Lissy-en-Brie. C'est de cette terre que vient le nom d'Alessi ou de Lissi que des auteurs mal informés donnent aux ancêtres maternels de Pierre Lescot.

(2) Arch. nat., P. 2253².

(3) Parmi lesquels nous citerons celui du 24 avril 1531, conclu avec Charles Maillart (Arch. nat., P. 2253²). Nous en donnons plus loin le texte. V. *Pièces justificatives*, n° 1.

(4) Berty, *Top. hist., du Vieux Paris*, t. I, p. 214.

(5) Berty le donne comme un des frères de Lescot, dans la *Top. hist. du Vieux Paris ;* mais nous n'adoptons que sous toutes réserves son dire.

connue. On nous permettra donc de la résumer
ici (1).

Petit-fils de Guillaume Dauvet, seigneur de Clagny,
et fils de Pierre Lescot, seigneur de Lissy et de
Clagny, Lescot était né en 1515 (2), à Paris (3). Il
hérita de Clagny à la mort de son père ; et son frère
aîné, Léon, reçut en partage Lissy, la terre patrimo-
niale. Le 27 juillet 1533, Léon est, il est vrai, désigné comme seigneur de Clagny dans le procès-
verbal des assises tenues, à cette date, à Versailles (4);
mais d'autres documents établissent, au moins dès le
4 mai 1536, que c'est bien Pierre Lescot qui reçut
Clagny en partage (5).

Quelques années après, en 1541, Pierre Lescot,
alors à peine âgé de 26 ans, commença la première
œuvre qu'on connaisse de lui : le jubé de Saint-

---

(1) Les seules recherches originales faites, à notre connaissance,
sur Pierre Lescot sont celles de Berty. (*Top. hist. du Vieux Paris*,
t. I, p. 207-217.) Des documents inédits nous ont permis d'y
ajouter plus d'un détail.

(2) Lescot mourut le 10 septembre 1578, âgé de 63 ans ; il
était donc né en 1515.

(3) C'est du moins l'opinion la plus vraisemblable (V. Berty,
ibid, p. 208).

(4) Arch. nat., Z² 4609. Ce procès-verbal a été publié par
M. Jeandel dans l'intéressante brochure intitulée *La Justice à
Versailles* (Versailles, 1861, in-8°).

(5) Arch. nat., S. 3796 (*Musée des Archives*, n° 597, et P.
2253²).

Germain-l'Auxerrois, exécuté avec le concours .de
Jean Goujon, qui arrivait de Normandie, et achevé
en 1544 (1).

De concert avec le même artiste, Lescot éleva en
1550 la fontaine des Nymphes, appelée plus tard
fontaine des Innocents (2). Il dressa, dit-on (3), les
premiers plans de l'hôtel Carnavalet. Mais sa grande
œuvre, celle qui a pour jamais illustré son nom,
c'est le Louvre.

Appelé, dès le 2 août 1546 (4), aux gages de
1200 livres par an, à la « totale charge, conduicte
« et superintendance » des bâtiments que le Roi
avait délibéré de faire bâtir en son châtel du Louvre
et autres lieux et endroits de sa ville de Paris, Lescot
resta en fonctions jusqu'à sa mort (1578), et fut
successivement confirmé dans la direction des travaux du Louvre par Henri II, François II et
Charles IX (5).

(1) L. de Laborde, *Comptes des bâtim. Roy.*, (Paris, 1877,
in-8°) t. I, p. XXVI.

(2) Berty, *ibid*, p. 211.

(3) Nous ne savons d'ailleurs sur quelles preuves s'appuie cette
assertion.

(4) L. de Laborde, *ibid.*, p. 249.

(5) Lescot eut dans cette tâche des collaborateurs sur lesquels on consultera avec profit l'étude intitulée : *la Sépulture
des Valois. (Mém. de la Soc. de l'Hist. de Paris,* t. III, p. 248
et 268).

Des écrivains compétents ont dignement célébré les beautés de ce qui fut construit d'après ses plans dans ce vaste édifice : de la salle des Cariatides (1), par exemple, ou de la façade primitive du côté de l'Horloge; et il ne nous appartient pas d'y revenir. Nous rappellerons seulement, à la gloire de Lescot, qu'il sut l'un des premiers initier la France aux beautés de l'art antique et trouver en dehors du gothique un style architectural vraiment nouveau et vraiment français.

Honoré de l'amitié des rois de France, Pierre Lescot obtint de nombreux témoignages de leur faveur.

Il fut ainsi nommé abbé commendataire de Notre-Dame de Clermont, au diocèse du Mans, et reçut à ce titre, en 1563, la dédicace de l'ouvrage de Nicolas Grenier, intitulé : *Piæ hominis christiani Deum timentis meditationes* (2). Abbé de Notre-Dame de Clermont et seigneur de Clagny, Lescot a été souvent qualifié, par une singulière confusion, du titre d'*abbé de Clagny ;* bien qu'il n'y ait pas eu d'abbaye de ce nom. Il ne fut pas davantage abbé de Cluny, comme

(1) La salle des Cariatides, qu'on appelait avant la grande salle du Tribunal, fut achevée en 1548 (F. de Guilhermy, *Inscript. de la France*, t. II, p. 24).

(2) *Gallia Christ.*, t. XIV, col. 529.

l'ont soutenu divers auteurs n'ayant jamais eu d'autre abbaye que celle de Notre-Dame de Clermont.

Lescot fut encore appelé à porter un titre que d'autres artistes, Philibert Delorme, entre autres, ont aussi reçu, celui de conseiller et aumônier du Roi.

Faveur non moins estimable, Lescot fut nommé chanoine de Notre-Dame de Paris, à la place qu'occupait Jean Hodoard (1) ; et obtint, malgré les règlements du Chapitre, de garder sa longue barbe (2) au chœur.

Les poëtes eux-mêmes chantèrent ses louanges. Dans une curieuse épitre que lui adresse Ronsard, on remarque ce passage :

« Toy, l'Escot, dont le nom jusques aux astres vole,
« As pareil naturel : car estant à l'escole,
« On ne peut le destin de son esprit forcer
« Que toujours avec l'encre on ne te vist tracer
« Quelque belle peinture, et jà, fait géomettre,
« Angles, lignes et poincts sur une carte mettre.
« Puis arrivant ton âge au terme de vingts ans
« Tes esprits courageux ne furent par contans
« Sans doctement conjoindre avecques la peinture,

(1) Biblioth. nat., *Cab. des Titres*, dossier Lescot.
(2) *Ibid.*, V. aussi Berty, p. 210.

« L'art de mathématique et de l'architecture,

« Où tu es tellement avec honneur monté

« Que le siècle ancien est par toy surmonté (1). »

Ronsard loue dans ces vers le talent de Lescot comme peintre et d'autres contemporains (2) en parlent également. « On ne cite néanmoins aucun « tableau de Lescot et s'il est illustre, c'est uni-« quement comme architecte (3). »

Comme seigneur de Clagny et du Martroy, Lescot eut à rendre hommage, à diverses reprises, aux seigneurs de Glatigny et de Montreuil ; et il s'acquitta fidèlement de ses obligations féodales (4). Mais, à part l'accomplissement de ces devoirs, il ne semble avoir eu ni le temps ni l'envie de s'occuper davantage du domaine sis au Val-de-Gally.

En 1578, se sentant arrivé au terme de sa carrière, Lescot voulut régler entre ses héritiers le partage de ses biens.

(1) Ronsard, Paris, 1623, in-f°, t. 2, p. 1250-1251 (édition Buon).

(2) Notamment Jean Bodin.

(3) Berty, p. 211.

(4) V. entre autres l'acte du 7 août 1578 par lequel Lescot, un mois environ avant sa mort, prêta foi et hommage pour le fief de Clagny au sieur de Briçonnet, seigneur de Glatigny (Arch. nat., P. 2253²).

Outre le fief de Clagny, il possédait à Paris deux maisons, et la mort de son frère aîné, Léon, survenue en 1537, lui avait assuré des droits sur la terre de Lissy. Les deux maisons de Lescot, aux termes de son testament, se trouvaient : l'une rue Trousse-Vache (1) et l'autre rue Saint-Sauveur (2). Suivant un auteur (3) qui n'a pas connu ce précieux document (4), elles auraient été situées rue St Jacques (5) et rue St Honoré (6).

Toujours est-il que ce n'est aucune d'elles que le grand architecte habitait. Sa résidence était au cloî-

---

(1) La rue Trousse-Vache joignait la rue des Cinq-Diamants (aujourd'hui rue Quincampoix) à la rue Saint-Denis. La rue de la Reynie et le boulevard Sébastopol en occupent actuellement l'emplacement.

(2) La rue Saint-Sauveur existe encore aujourd'hui.

(3) Berty.

(4) Ce testament, qui nous semble entièrement inédit, est conservé aux Archives Nationales parmi les titres de propriété de Clagny (p 2253 ²). Nous en donnons, à la fin de cette étude, le texte intégral (V. *Pièces justificatives* n° 2).

(5) Cette maison, sise en la censive du prieuré de N.D. des Champs, était appelée l'hôtel de Clagny ou de Clugny. Pierre Lescot l'a certainement possédée, à un moment quelconque de sa vie. De lui, elle était passée à son neveu Léon, qui l'échangea le 19 juillet 1624 avec une religieuse de Port-Royal contre une rente de 1,500 l. L'abbaye de Port-Royal de Paris y fut installée plus tard (Arch. Nat., S. 4515). Voy. aussi Berty, T. I. p. 223.

(6) D'après Berty (T. I. p. 213-214), la maison possédée par Lescot serait l'hôtel qui a porté depuis le nom d'Aligre.

tre Notre-Dame, dans la maison attachée à son cano-
nicat. Et c'est là qu'il vivait, au milieu des « livres, ta-
« bleaulx, pictures, médailles, portraictz, anticquitez,
« médailles antìcques et modernes » qui remplissaient son cabinet d'étude (1).

Le chapelain Nicaise Berlizot, la servante Sébastienne, le valet Jean Front-de-Fer et cinq autres
valets de moindre importance formaient (au moins
en 1578) la maison de Lescot (2).

Quant aux héritiers de Lescot, nous ne pouvons
mieux les faire connaître qu'en donnant ici sa généalogie (3).

Les héritiers de Lescot se trouvaient donc être ses
neveux et nièce Claude, Léon, Pierre et Marie Lescot,
et ils furent appelés à lui succéder ainsi qu'il suit.

Lescot laissa à Claude le domaine de Clagny et du
Martroy, y compris le mobilier de l'hôtel de Clagny.

Léon eut tous les biens meubles, acquêts et con-
quêts immeubles, sauf les objets d'art qui devaient
être partagés également entre son frère Pierre et lui.

(1) Testament de Lescot, 17 juin 1578.

(2) Testament de Lescot, 17 juin 1578.

(3) La généalogie de Lescot que nous insérons ci-contre a été
dressée d'après les renseignements contenus dans le carton
P. 2253 ² des Archives Nationales et dans les dossiers Dauvet et
Lescot du Cabinet des titres (Bibl. Nat.). Elle complète celle que
Berty avait déjà établie.

GÉNÉALOGIE DE LESCOT

Pierre LESCOT,
Seigneur de Lissy. — Femme : Jeanne de Chanteprime.

Pierre LESCOT,
Seigneur de Lissy et de Clagny, mort en 1533.
Femme : Anne Dauvet (fille de Guillaume Dauvet et de Jeanne Lhuillier).

Marie LESCOT
Religieuse
aux Filles-Dieu
de Paris.

Jean LESCOT?
Seigneur de Lissy, Conseiller au
Parlement, mort en 1545.
(Nous n'inscrirons que sous toutes ré-
serves ce personnage introduit par
Berty dans la descendance de Pierre
Lescot et dont nous n'avons pas
trouvé trace ailleurs.)

Pierre LESCOT l'architecte,
Né en 1515,
Seigneur de Clagny dès le 17
juin 1540,
Abbé de N.-D. de Clermont,
Chanoine de N.-D. de Paris,
Aumônier du Roi,
Mort le 10 septembre 1578.

Léon LESCOT
Seigneur de Lissy,
Conseiller au Parlement,
Mort en 1557.
Femme : Marie Chevrier de Pauldy
(elle vivait encore en 1578).

Marie LESCOT,
Religieuse
à Chelles.

Pierre LESCOT,
Conseiller au Parlement (1568)
et commissaire des requêtes
du Palais (1575),
Seignr de Lissy et de Clagny
Mort entre 1604 et 1613.
Femme : Marie de Foissy.

Claude LESCOT,
Sieur de Breulles,
Seigneur de Clagny en 1578,
Mort avant le 20 juin 1580,
Femme : Françoise Le Scellier

Léon LESCOT,
Sieur de Landrode, Seigneur de
Clagny, Aumônier du Roi,
Abbé de N.-D. de Clermont,
Chanoine de N.-D. de Paris (1578),
Conseiller au Parlement (1581),
Mort à la fin de 1624.

Léon LESCOT
Seigneur de Lissy.

Jean LESCOT,
Abbé (?) de Malte, vivant en 1617.

La charge lui était imposée de servir une pension annuelle et viagère de 10 écus soleil à Marie Lescot, religieuse aux Filles-Dieu de Paris, et une de même importance à Marie Lescot, religieuse à Chelles : la première, sœur; et la seconde, nièce du testateur. A défaut par lui d'accepter le legs à ces conditions, son frère Pierre devait se le voir attribué.

Quant à Pierre, qui avait hérité à la mort de son père de la meilleure part du fief de Lissy, son oncle lui laissait les deux maisons qu'il possédait à Paris, 500 l. de rente et quelques autres avantages. Lescot invitait Léon, dans son testament, à renoncer à toute prétention sur Lissy, comme il le faisait lui-même pour sa part, afin que cette terre, la plus belle de la famille, arrivât sans démembrement aux mains de Pierre.

Pour assurer l'exécution de ces dispositions, Pierre cédait à son frère Claude les droits de nu-propriété qu'il avait sur Clagny en vertu d'une donation faite autrefois par Lescot (1). Claude renonçait en échange à tous droits sur la terre de Lissy et cédait de plus à son frère la ferme qu'il avait en propre à Fourches-en-Brie (2).

Lescot ne s'occupait pas seulement de ses propres

(1) Cette donation avait été faite à Pierre, à l'occasion de son mariage avec Marie de Foissy.

(2) Acte du 16 juin 1578 (Arch. Nat., P. 2253 2).

affaires. Il voulut régler aussi celles de sa famille, notamment celles de sa belle-sœur Marie, née Chevrier
de Pauldy, et chargea son neveu Pierre de lui assurer le paiement régulier de son douaire.

C'est ainsi que Lescot entendait que ses biens
fussent, après sa mort, partagés entre ses neveux.
Des dispositions pieuses ou charitables remplissaient
le reste du testament. Il laissait ainsi un souvenir à
chacun de ses domestiques; et fondait en l'église de
Lissy un service anniversaire pour le repos de son
âme (1). Lescot désignait comme exécuteur testamen-
taire Léon ou Pierre, à son défaut, leur adjoignant
pour conseils ses cousins les sieurs de Rieux (2) et
de Villacoublay (3).

Lescot avait pris ces dispositions le 17 juin 1578.
Le 10 septembre de la même année, à quatre heures
de l'après-midi, il s'éteignit doucement, au milieu
des siens. Ses funérailles eurent lieu le surlende-
main, au milieu du cortège ordinaire de moines et de
pauvres portant des torches. Et conformément au désir

---

(1) Il léguait aussi à la fabrique une somme de 30 écus « pour
« estre employée à la reffection du pignon et clocher. »

(2) Le sieur de Rieux était à ce moment Jean Dauvet, seigneur
de Rieux et baron de Pins, qui mourut en 1582 (Bibl. Nat., *Cab.
des Titres*, dossier Dauvet).

(3) Villacoublay; dép. de la cⁿᵉ de Velizy (Seine-et-Oise).

qu'il avait exprimé dans son testament, son corps fut déposé à Notre-Dame, dans la chapelle St Ferréol (1).

VII. Claude Lescot.

Claude Lescot, sieur de Breulles et époux de Françoise Le Scellier (2), se vit aux termes du testament de Lescot appelé à lui succéder comme seigneur de Clagny. Il entra en possession de son nouveau domaine à la fin de l'année 1578 ; mais il ne lui fut pas donné d'en jouir longtemps. Il mourut, en effet, moins de deux ans après, à une date qui doit être fixée avant le 20 juin 1580 (3).

Peu de renseignements nous sont parvenus sur Claude. Lescot n'avait pas, semble-t-il, autant de confiance en lui qu'en ses frères ; aussi bien ne paraît-il pas s'être jamais élevé à une haute position.

(1) Berty (t. I.), p. 213. La tombe de Lescot reçut plus tard une inscription qui nous apprend, entre autres détails, que l'illustre architecte portait un écu parti au 1er et au 4e de sable, à une tête de chevreuil d'argent ramée d'or; au 2e et au 3e d'azur, à trois rocs d'or. (V. cette inscription dans Berty, t. II, p. 172-173).

(2) Françoise Le Scellier, une fois veuve, épousa en secondes noces Robert de Gaudichart, Sr du Fayet. (Arch. nat., P. 2253²).

(3) V. l'arrêt rendu le 6 mai 1589 au sujet des prétentions de Léon et de Pierre Lescot sur Clagny. (Arch. nat. P. 2253²).

VIII et IX. Léon et Pierre Lescot.

Claude était mort sans enfant, laissant pour héritiers ses frères Léon et Pierre, qui devinrent ainsi seigneurs de Clagny (1).

Ils étaient, l'un et l'autre, conseillers au Parlement de Paris. Léon était en outre seigneur de Landrode, abbé de Notre-Dame de Clermont (2) et aumônier du Roi; et Pierre, seigneur de Lissy et commissaire des requêtes du Palais.

Ils ne purent malheureusement s'entendre sur le partage des biens de Claude; et leurs discussions furent assez vives pour amener entre eux l'intervention de la justice. Condamné le 23 août 1581 (3), par le Prévôt de Paris, Léon en appela au Parlement qui rendit, après de longs délais, un arrêt (4) lui attribuant les quatre cinquièmes de la terre de

(1) Le 27 juin 1580, Pierre prêta hommage pour Clagny au seigneur de Glatigny (Arch. nat., P. 2253²); et Léon en fit autant pour le Martroy aux Célestins de Montreuil, tant en son nom qu'en celui de son frère, le 1er mars 1581 (Arch. nat., reg. S. 3819, f° 232 v°).

(2) Il succéda, dans cette dignité, à son oncle l'architecte.

(3) V. l'arrêt du 6 mai 1589 (Arch. nat., P. 2253²).

(4) Arrêt rendu le 6 mai 1589 (Arch. nat., P. 2253²).

Clagny et le dernier cinquième à son frère. L'arrêt
rappelait en même temps l'obligation dont il avait
encore à s'acquitter de partager avec son frère les
livres, tableaux, médailles et antiquités qu'avait
laissés Lescot en mourant.

Les deux frères étaient donc seigneurs de Clagny,
chacun pour leur part. Leur différend réglé, ils
n'avaient plus, semble-t-il, qu'à jouir paisiblement
de leurs biens. Mais le moment n'était pas loin où un
malencontreux évènement allait faire sortir Clagny
de leurs mains.

Nous voulons parler de l'impossibilité où se vit
Léon Lescot, le 20 janvier 1596 (1), de faire honneur à un engagement précédemment conclu et de
payer à Théodore de Ligneris, Sr de Courville, cinquante écus qu'il lui devait. La somme n'était pas
très-considérable; mais ce n'était pas malheureusement la seule dette qu'eut Léon. Il devait à des parents, à des collègues du Parlement, de tous côtés
enfin. Tous ces créanciers se joignirent au S^r de
Courville. L'insolvabilité de Léon démontrée, ses
biens furent immédiatement saisis. La terre de
Clagny, en particulier, fut, dès le 23 janvier 1596,
mise sous séquestre par l'huissier Tellier; et Pas-

(1) V. Act. du 26 juillet 1597 (Arch. nat., P. 2253^4).

quier Lebreton, greffier de Montreuil, en fut consti-
tué gardien (1).

Pierre voulut en vain s'opposer, dans l'intérêt de
son frère, à la vente de Clagny en rappelant les droits
qu'il tenait de son oncle sur cette terre. Lescot avait,
en effet, donné jadis à Pierre, lors du mariage
de son neveu avec Marie de Foissy, la nu-propriété
de Clagny ; et celui-ci n'y avait renoncé, à la mort
de l'architecte, qu'en faveur de Claude. Mais les démarches de Pierre n'eurent aucun succès.

Un premier arrêt du Parlement du 27 mai 1596 (2)
et, sur de nouvelles oppositions de Pierre, un second
du 3 mai 1597 (3), repoussèrent ses prétentions et
maintinrent définitivement la mise en vente de Clagny.
Toutes les publications d'usage ayant été faites, les
enchères eurent lieu le 26 juillet 1597 (4).

Théodore de Ligneris offrit d'abord 1,500 écus
du domaine ; puis d'autres mises ayant été faites à
2,000 et à 3,000 écus, il poussa lui-même jusqu'à
4,000 écus. Mais le procureur et fondé de pouvoirs
de Jean de Champrond intervint alors, et, surenché-
rissant de 2,000 écus, obtint pour son maître,

---

(1) V. Acte du 26 juillet 1597 (Arch. nat., P. 2253⁸).
(2) Arch. nat., P. 2253².
(3) Arch. nat., P. 2253².
(4) Arch. nat., P. 2253².

au prix de 6,000 écus, la petite terre sise au Val-de-Gally (1).

Les troubles de la Ligue apportèrent un peu de retard dans la répartition de cette somme entre les créanciers de Léon Lescot. Ce n'est que le 7 septembre 1598 (2) qu'un arrêt intervint à cet effet. Ceux qui en profitèrent, furent :

1° Théodore de Ligneris, baron de Courville, sur l'initiative duquel avaient été commencées les poursuites. 2° Antoinette Rebours, veuve de François Sevin, conseiller du Roi en ses conseils. 3° Pierre Lescot, Sʳ de Lissy. Il reçut, tant pour le quart de Clagny que pour une maison à lui laissée par son oncle l'architecte, la somme de 2051 écus 2/3. 4° Robert de Gaudechart, Sʳ du Fayet, agissant en son nom et en celui des enfants mineurs issus de son union avec Françoise Le Scellier, veuve de Claude Lescot. 5° Jean Fuzée, Sʳ de Voizenon, et ses frère et sœur, Guillaume et Marie. 6° Léon Fuzée, Sʳ de Chandeuil. 7° Charles Le Camus. 8° Antoine Loisel, avocat au Parlement.

(1) Arch. nat., P. 2253².
(2) Arch. nat , P. 2253².

X. Jean de Champrond.

Dès le 26 juillet 1597, le domaine de Clagny était passé, nous l'avons vu, aux mains de Jean de Champrond.

Ce personnage, fils d'Etienne de Champrond (1) et d'Anne de Conan (2), appartenait à une noble famille du pays chartrain.

Jean de Champrond, seigneur de Hanches et d'Ollé, avait été reçu conseiller au Parlement de Paris le 15 décembre 1570, et Président aux enquêtes le 22 décembre 1581. Devenu seigneur du Martroy et de Clagny, il rendit hommage du premier de ces fiefs aux Célestins de Montreuil le 15 janvier 1598 (3), et du second au seigneur de Glatigny, François Briçonnet, le 16 février suivant (4).

Jean de Champrond avait épousé Madeleine de Montmirail, fille de Thierry de Montmirail, seigneur de Chambourcy, d'Aunay et de la Rivière, et d'An-

(1) Etienne de Champrond portait d'azur au griffon rampant d'or, armé et lampassé de gueules.

(2) Bibl. nat., *Cab. des Titres*, dossier *Champrond*.

(3) Arch. nat., P. 2253².

(4) Arch. nat., P. 2253².

toinette de Lamy (1). Quand il mourut, (du 3 août 1601 (2) au 9 juillet 1604 (3)), six enfants restaient de cette union.

XI et XII. La veuve et les enfants mineurs de Jean de Champrond ; Michel de Champrond.

A la mort de Jean de Champrond, son fils aîné, Michel, était seul majeur; et sa veuve, Madeleine de Montmirail, dut servir de tutrice à ses autres enfants. Le domaine de Clagny fut partagé entre eux : Michel en devint seigneur pour une part qui n'était pas la moindre; et ses frères et sœurs eurent leur mère pour les représenter. C'est ainsi que le 9 juillet 1604 (4) et le 10 juin 1605 (5), Michel prêtait foi et hommage aux seigneurs de Glatigny et de Montreuil pour ce qu'il possédait à Clagny et au Martroy, tandis que sa mère, de son côté, s'acquittait des mêmes devoirs au nom de ses enfants mineurs (6).

(1) Bibl. nat., *Pièces Originales*, reg. 665, V° *Champrond*.
(2) Bibl. nat., *Pièces Originales*, reg. 665, V° *Champrond*.
(3) Arch. nat., P. 2253².
(4) Arch. nat., P. 2253².
(5) Arch. nat., P. 2253².
(6) Elle rendit hommage pour eux au seigneur de Glatigny, le 8 février 1605 (Arch. nat., P. 2253²).

Tant que vécut sa mère, Michel administra le domaine de concert avec elle. Elle achetait des terres à Montreuil (1), vendait la coupe des bois de Clagny (2), pendant qu'il prenait à cens telle ou telle terre (3). Quand il la perdit (du 31 octobre 1622 (4) au 14 juillet 1625 (5)), ses frère et sœur, Jean et Louise, alors majeurs, devinrent, pour une part, seigneurs de Clagny. Mais le principal possesseur du domaine était toujours Michel. En 1642, Michel semble même être le seul maître de Clagny ; le manoir seigneurial lui appartient en tout cas (6). Le 10 décembre 1646, le fait n'est pas moins certain, il afferme la terre entière de Clagny à Jean Reim-

(1) Le 3 février 1609, notamment (Arch. nat., P. 2253²).

(2) La coupe de ces bois valait au xvi⁰ siècle 800 l. V. les actes du 27 juin 1616 et du 31 octobre 1622, par lesquels Madeleine de Montmirail la cède à ce prix en 1616 à Laurent de Beauvais, et en 1622 à Nicolas Morin (Arch. nat., P. 2253²).

(3) Le 3 janvier 1609, Michel prend à cens des Célestins de Montreuil 8 arpents de terre sis à Montbauron, dans lesquels se trouve une source d'eau vive qu'il pourra, s'il veut, amener à Clagny, à charge d'indemniser les possesseurs des terrains « par où les thuiaux « et canotz pourront passer » (Arch. nat., P. 2253²).

(4) Madeleine signe un acte à cette date (Arch. nat. P. 2253²).

(5) Les enfants de Madeleine, Jean et Louise, rendirent à cette date hommage au seigneur de Glatigny (François Briçonnet) pour partie du fief de Clagny (Arch. nat., P. 2253²).

(6) V. l'acte du 18 juin 1642 relatif au jardinier que Michel de Champrond entretenait à Clagny, moyennant 40 écus par an (Arch nat., P. 2253²).

boult, moyennant le payement annuel de 900 l. et la prestation de 500 bottes de foin et de 6 douzaines de pigeonneaux (1).

A l'exemple de ses prédécesseurs, Michel n'habitait pas à Clagny, mais à Paris. Fixé en 1605 (2) rue Geoffroy-Lasnier, sur la paroisse St-Paul, il avait en 1646 sa résidence sur la paroisse de St-Jean-de-Grève, rue Ste-Croix-de-la-Bretonnerie (3).

Il avait suivi la même carrière que son père. Reçu, dès le 15 décembre 1600, conseiller au Parlement, il y était devenu président aux Enquêtes, puis avait donné sa démission.

Michel de Champrond se maria deux fois. Il épousa en premières noces Madeleine Mégissier, fille de Jean Mégissier, maître des Comptes à Paris, de laquelle il eut une fille appelée comme elle Madeleine. Quant à sa seconde femme, Barbe Lefèvre de Laubrière, elle ne lui donna point d'enfant.

Madeleine, l'unique enfant de Michel de Champrond, fut unie, en 1622 (4), à Philippe de la Trémoïlle, marquis de Royan, comte d'Olonne, baron d'Aspremont et autres lieux, grand sénéchal de Poi-

---

(1) Arch. nat., P. 2253².
(2) Acte du 10 juin 1605 (Arch. nat., P 2253²).
(3) Arch. nat., P. 2253².
(4) *Chartrier de Thouars*, 1877, in-f°, p. 332.

tiers et capitaine du château de Poitiers (1). Et de ce mariage naquirent plusieurs enfants.

Madeleine étant morte en 1644 (2), ce fut l'aîné d'eux, Louis de la Trémoïlle, qui se trouva hériter de Clagny quand mourut, en 1647, son grand-père maternel, Michel de Champrond, seigneur de Clagny (3).

XIII. Louis de la Trémoïlle, comte d'Olonne.

C'est en 1647 que Louis de la Trémoïlle était devenu seigneur de Clagny; moins de deux ans après, il allait se défaire de son nouveau domaine.

Tout jeune encore, il voulut entrer au service du Roi; mais la charge qu'il convoitait, celle de cornette des chevau-légers de la Garde du Roi (4), était d'un prix énorme. Le titulaire, le marquis de Jarzé, n'en demandait pas moins de 240,000 livres. Pour être à même d'acquérir cet emploi, Louis de la Trémoïlle dut réaliser une partie de sa fortune (5).

(1) Né en 1596, mort en 1670.
(2) Bibl. nat., *Pièces originales*, reg. 665, Vo Champrond.
(3) Bibl. nat., *Pièces originales*, reg. 665, Vo Champrond.
(4) Ces Chevau-Légers étaient au nombre de 200.
(5) Louis avait obtenu, le 29 mars 1649, l'autorisation nécessaire à un mineur pour emprunter. (Arch. nat., P. 2253².)

La terre de Clagny se trouva comprise dans cette opération, et fut aliénée en échange de rentes, au profit de l'hôpital des Incurables de Paris (mars-mai 1649).

Le marquis de Royan, Philippe de la Trémoïlle, et son fils Louis, passèrent avec l'hôpital le contrat de vente le 12 novembre 1649 (1); et dès le 3 décembre suivant, ils remettaient à l'un de ses administrateurs, le sᵣ Charles Robineau, tous les titres de propriété de Clagny (2).

XIV. Les Incurables de Paris.

Fondé, en 1634, rue de Sèvres, par le cardinal de la Rochefoucauld, et confirmé par Louis XIII en 1637 (3), l'hôpital des Incurables comptait à peine une quinzaine d'années d'existence quand il acquit de Louis de la Trémoïlle la terre de Clagny.

Suivant un auteur de nos jours, qui a fait sur le passé de Clagny quelques recherches (4), mais qui,

(1) Louis est qualifié dans cet acte de comte d'Olonne (Arch. nat., P. 2253²).

(2) Arch. nat., P. 2253²).

(3) Par lettres-patentes d'avril 1637.

(4) V. *Versailles, Seigneurie, Château et Ville*, ouvrage anonyme dû, comme on le sait, à M. de Sᵗᵉ James-Gaucourt.

faute de connaître les documents à consulter, n'a presque rien pu savoir de son histoire (1), Clagny aurait été possédé par les Incurables en vertu d'une donation des familles Dauvet et Briçonnet.

« Nous ne savons, dit-il, si Clagny à cette époque
« fut un don du Cardinal (2) ou bien si les Briçonnet
« (3) (qui étaient alliés des Dauvet par le mariage
« d'Anne Briçonnet, en 1524, avec Robert Dauvet
« président des Comptes) n'auraient pas, par des
« arrangements successifs, ajouté cette terre à leurs
« possessions au Val-de-Galie? Toutefois, comme
« nous ne voyons pas Robert Dauvet s'intituler Sei-
« gneur de Clagny après son père, que nous savons
« que Pierre Lescot le posséda et qu'il y eut entre
« leurs familles et les Briçonnet des liens d'amitié
« entretenus par le voisinage et que consolidaient
« leurs alliances ; si nous ajoutons à cela que Robert
« Dauvet et Jean Dauvet étaient au XVIe siècle
« administrateurs des hôpitaux, nous sommes pres-
« que autorisés à penser que le don de Clagny aux

(1) L'auteur préparait une seconde édition de son livre, dont le manuscrit est à la Bibliothèque de la Ville de Versailles. Nous n'y avons rien trouvé de plus sur Clagny que dans l'ouvrage imprimé.

(2) Le Cardinal de La Rochefoucauld.

(3) Les Briçonnet étaient depuis longtemps en possession du fief de Glatigny.

« hôpitaux, vint de la part de leur famille plutôt
« que de la part du Cardinal (1) »

Nous ne nous arrêterons pas à relever les diverses
inexactitudes contenues dans ce passage d'un auteur
qui ne soupçonne l'existence ni des héritiers de Lescot,
Claude, Léon et Pierre Lescot, ni des Champrond, ni
des la Trémoïlle. Le fait est, le lecteur le sait, que Clagny
n'appartint jamais au cardinal de la Rochefoucauld,
ni aux Briçonnet, ni à Robert Dauvet; et qu'il ne vint
pas aux Incurables à la suite d'une donation, mais
d'une vente.

Une fois qu'ils eurent acquis Clagny de Louis de
la Trémoïlle, les administrateurs de l'hôpital n'eurent
garde d'omettre de remplir les devoirs auxquels
avait donné lieu le passage du fief entre leurs mains ;
ils s'en acquittèrent, le 19 juillet 1650, envers le
seigneur de Glatigny (2). Ils ne bornaient pas là
leur rôle de bons propriétaires. Profitant, six ans
après, d'une occasion favorable pour arrondir leur
fief, ils achetaient le domaine que François de Sollignac de la Grandcour possédait à Montreuil.

C'était une famille d'une origine toute récente que

(1) *Versailles, Seigneurie, Château et Ville.*
(2) Arch. Nat., P. 2253². Le fief de Glatigny était tenu, à cette
date, par Françoise Ménard, veuve d'Alexandre Briçonnet, et par
Charles Briçonnet, chacun pour leur part.

celle des Sollignac de la Grandcour, et dont l'histoire peut se raconter en quelques mots.

En 1619, Gabriel Sollignac était simple maître maçon à Paris. Le 17 mai de cette même année, il achète une propriété à Montreuil. En 1622, il est fixé à Meudon; et, sa fortune grandissant, il est, dès 1633, nommé Capitaine du Château. Sa femme, Simonne Dumont, s'est élevée de son côté; elle est alors « remueuse » de Mademoiselle d'Orléans (1).

Ils sont déjà loin de leur point de départ. Aussi, quand ils cèdent, le 13 août 1657 (2) à leur fils François le domaine de la Grandcour, celui-ci peut-il en prendre le titre sans choquer aucune convenance. N'a-t-il pas l'honneur de servir le Roi et d'appartenir à sa Maison? François de Sollignac, écuyer, sieur de la Grandcour, gentilhomme ordinaire de la Vénerie du Roi, tel est alors le nom du fils de l'ancien maître maçon (3).

François de Sollignac habitait ordinairement Aubenas, où peut-être il s'était marié. Il ne s'intéressait plus beaucoup, dans ces conditions, au domaine

(1) Nous ignorons de laquelle des filles de Gaston d'Orléans il est ici question.

(2) Cet acte et tous ceux qui précèdent se trouvent aux Arch. Nat., dans le carton P. 2253².

(3) On parvenait ainsi sous l'ancien régime presque aussi rapidement qu'aujourd'hui.

de la Grandcour. Aussi signa-t-il facilement le 8 juillet 1656 (1), se trouvant de passage à Paris (2), l'acte de vente de cette propriété au s^r Charles Robineau, agissant au nom de l'hôpital des Incurables.

Ainsi se trouvèrent aux mains des administrateurs des Incurables Clagny, le Martroy et la Grandcour; mais ce ne devait pas être pour longtemps.

Le 30 novembre 1665, en effet, moins de dix ans après, Clagny, changeant encore une fois de maître, était acheté par Colbert, au nom du Roi.

(1) Arch. Nat., P. 2253².
(2) Il était descendu chez le s^r Lecoq, qui demeurait rue du Mail, paroisse St Eustache.

ACHAT DU DOMAINE DE CLAGNY
PAR LOUIS XIV

CONSTRUCTION DU CHATEAU DE MADAME DE MONTESPAN

 peine Louis XIV avait-il commencé les embellissements de Versailles, qu'il se préoccupait d'agrandir le parc entourant le petit château de son père. Le 3 avril 1664 (1), tous les propriétaires d'héritages et terres compris dans l'enceinte du parc furent invités à se présenter devant le surintendant et ordonnateur général des bâtiments, arts et manufactures de France, c'était alors Colbert, pour passer avec lui les contrats nécessaires. Chaque vente devait se faire sur le pied des estima-

(1) Arch. Nat., E 1722, f° 99.

tions de Colbert, ou à dire d'experts. L'hôpital des Incurables, pour obéir à cette invitation, dut céder au Roi le domaine de Clagny.

Le 30 novembre 1665 (1), Claude de Lamoignon de Basville, premier Président au Parlement de Paris, Charles Robineau, Jean Lecomte et autres administrateurs de l'hôpital, vendirent au Roi, moyennant 75,000 livres, « ce acceptant pour Sa Majesté Messire Jean-Baptiste Colbert », le fief de Clagny.

Voici quelle en était alors la contenance :

1° Au lieu seigneurial, le manoir principal comprenant une tour carrée, un colombier, une grande cour sur laquelle se trouvaient les bâtiments de la ferme, un jardin et un parterre en terrasse, un verger planté d'arbres fruitiers, un grand parc, le tout en un tenant clos de murs de 40 arpents ou environ.

2° Hors du parc, une pièce de terre et pré : « à « l'endroit où étoit cy-devant et où depuis peu a été « remis par l'ordre de Sa Majesté un étang nommé « le grand étang de Clagny », contenant 36 arpents ou environ, sis au terroir de Versailles ; plus 63 arpents de terre au terroir de Montreuil, contre les buissons de la butte de Picardie et les murs du parc

----

(1) Arch. Nat., O¹ 3,925. Le même acte est encore, aux Archives Nat., dans la liasse cotée P., 2253².

de Clagny ; 45 arpents de terre vers les prés de Glatigny ; 32 à la fontaine de Clagny ; 22 à la butte de
Montbauron ; 23 arpents de prés, dans le voisinage
du grand étang, au milieu desquels était un petit
étang ; et divers autres morceaux de terre sis au Cul-
de-Sac, à la Picardie, à la Mare-Bourbeuse, à la
Pommeraye, et au lieudit Sous-la-Garenne de
Clagny.

Le tout dépendant des seigneurs de Glatigny, de
Montreuil et de Versailles.

Les seules charges consistaient en une rente de
8 livres tournois à servir chaque année à la fabrique
de l'Eglise de Montreuil.

On remarquera, dans les détails qui précèdent, le
passage relatif au grand étang de Clagny. L'étang
qui existait au moyen âge, qu'un acte du 26 juillet
1597 mentionnait encore (1), avait donc été desséché
au XVIIᵉ siècle, nous ne savons à quelle date, puis
rétabli par le Roi avant le 30 novembre 1665. Il
devait être de nouveau détruit au XVIIIᵉ siècle,
mais cette fois pour toujours (2).

Le domaine acheté, l'arpentage général en fut

_____

(1) Arch. Nat., P. 2253². Nous avons cité cet acte au début de
notre étude.

(2) Un nouveau quartier s'éleva, on le sait, sur son emplacement
à la fin du siècle dernier.

aussitôt commencé par l'arpenteur royal Robert Prudhomme, à la requête d'Alexandre Bontemps, premier valet de chambre du Roi et Intendant des châteaux, maisons royales, terre et seigneurie de Versailles. Ce travail, achevé en janvier 1666 (1), donna les résultats suivants, en comptant vingt pieds par perche et cent perches par arpent :

	Arpents.	Perches.
1° En terres labourables, friches, jardin et enclos	300	98
2° En bois	42	96
3° En prés	30	
4° Un étang de	54	83

Soit un ensemble de 428 arpents 77 perches, tant pour l'ancien fief de Clagny que pour les divers domaines qui tour-à-tour y avaient été rattachés.

Il ne semble pas que le Roi ait d'abord eu des vues sur Clagny, simple terre dont on affermait le produit. Ce qui paraît le prouver, c'est qu'il offrit de grandes facilités, le 22 mai 1671 (2), à ceux qui voudraient bâtir sur l'emplacement compris entre la Pompe et la ferme de Clagny : le terrain gratuite-

(1) Arch. Nat., O¹ 3925. Nous en donnons le texte à la fin de cette étude (V. *Pièces justificatives* n° 3).

(2) Arch. Nat., Q¹ 1503. La déclaration est datée de Dunkerque.

ment, l'exemption de tous logements militaires, une
redevance annuelle de 5 sous de cens seulement. Et
plusieurs personnes profitèrent de ces avantages.

Mais le moment était proche où, cédant à l'influ-
ence de sa nouvelle favorite, l'heureuse rivale de
la duchesse de la Vallière, Louis XIV allait concevoir
pour Clagny de vastes desseins.

« Née, dit Mme de Caylus, pour une vie vertueuse »
(1) et désespérée à sa première grossesse,
Mme de Montespan, qui n'avait guère tardé à prendre
son parti d'un pareil état, se trouvait en 1673,
époque à laquelle nous sommes arrivés, à l'apogée
de sa fortune (2). Entièrement sous le charme de
cette « triomphante beauté » (3), le Roi venait, au
mépris de toute loi, d'en légitimer les enfants deux
fois adultérins. C'est alors qu'appliquant une fois de
plus sa maxime « qu'il faut à la Cour toujours
« prendre » (4), Mme de Montespan demanda pour
eux Clagny. Elle y voulait faire élever une demeure

---

(1) *Souvenirs de Mme de Caylus*, 70 (Édition Jeannet).

(2) Outre son appartement de Versailles, Mme de Montespan
en avait un fort beau à Saint-Germain. Elle recevait du Roi une
pension de 1000 pistoles par mois, qu'elle conserva jusqu'à sa
mort (V. *le Journal de Dangeau*, t. VII. p. 262).

(3) Épithète de Mme de Sévigné (Lettre du 29 juillet 1676,
édition Hachette, t. IV. p. 546).

(4) V. Mémoires de Mlle de Montpensier, p. 502 (Édition
Michaud et Poujoulat).

digne d'eux et digne aussi de celle pour laquelle
étaient tous les honneurs, tous les hommages,
« excepté ce que le devoir donnait à la Reine » (1).

Un curieux passage des mémoires du duc de
Luynes nous apprend que le Roi fit d'abord cons-
truire à Clagny, avant le mois de mai 1674, une
« petite maison » c'est-à-dire une maison de plai-
sance; « mais elle ne plut pas à Mme de Montespan.
« Elle dit au Roi que cela ne pouvait être bon que
« pour une fille d'opéra. En conséquence, la petite
« maison fut abattue et l'on bâtit le château de
« Clagny (2). »

Cette petite maison était « à 200 pas de
« Versailles sur le chemin de Paris » (3). Nous n'en
savons rien autre. Mais nous sommes heureusement
mieux renseignés sur le compte du château de Clagny;
et les documents qui le concernent sont assez abondants pour nous permettre d'en résumer fidèlement l'histoire.

---

(1) Expression de Saint-Simon. Le Maréchal de Noailles por-
tait « la queue de Mme de Montespan, tandis que celle de la Reine »
n'était portée que « par un page, un porte-manteau ou un
« exempt des gardes du corps » suivant les lieux. (*Journal de
Dangeau*, t. XII, p. 233).

(2) *Mémoires de Luynes*, t. IX. p. 255-256.

(3) V. le plan de Clagny fait par Perelle, 1679. En vente chez
Mariette.

C'est à Jules Hardouin Mansart (1), à l'architecte qui devait élever tant d'œuvres magnifiques telles que le château de Versailles et le Dôme des Invalides, mais qui n'avait encore commencé aucun de ses grands travaux, que la construction de Clagny fut confiée, en 1674 (2). Il n'avait alors que vingt-huit ans.

Le 22 mai, Colbert envoyait au Roi le plan du château (3) ; et dès le 27 (4), se faisaient les premiers paiements aux entrepreneurs. Ils s'occupèrent d'abord de démolir les maisons, bâties en vertu de la déclaration du 22 mai 1671 (5), qui se trouvaient comprises « dans le dessein de Clagny ». Parmi les immeubles qui furent ainsi abattus, nous citerons celui des s^{rs} Lamoureux et Dupont, estimé 1800 l. ; celui du s^r Louis Colette, 4000 l. ; celui du s^r Delalande, 2667 l. ; et celui du s^r Tournelle, 6050 l. (6)

(1) Jules Hardouin Mansart (16 avril 1646-11 mai 1708) est l'auteur des châteaux de Versailles, Marly, Trianon, Clagny, etc ; de l'hôtel des Invalides, de la maison de St-Cyr, des places Vendôme et N.-D. des Victoires, etc., etc.

(2) La construction du château avait été décidée le 18 avril 1674. (V. Arch. Nat., O¹* 2138, f° 109 v°.)

(3) H. Duclos, Mlle de La Vallière et Marie-Thérèse d'Autriche, p. 626. Le plan ne fut définitivement approuvé que le 12 juin par le Roi et par Mme de Montespan. (P. Clément, Mme de Montespan, p. 48-49).

(4) V. Arch. Nat., O¹* 2138 f° 109 v° et s.

(5) Sur cette déclaration. V. plus haut, p. 48.

(6) V. Arch. Nat, O¹* 2138, au chapitre des acquisitions d'héritages.

Ces maisons mises à bas, terrassiers et maçons
eurent libre carrière. Les travaux furent rapidement conduits; mais moins encore que l'année
suivante. En 1675, la maçonnerie seule absorba
228,326 l. 13 s.; la charpente et la couverture
56,195 l. 16 s.; la menuiserie 24,199 l, 8 s. 4 d.;
la serrurerie, vitrerie et plomberie 35,487 l. 7 s. 4 d.;
la peinture et dorure 1,200 l.; la sculpture et mar-
brerie 7,271 l. 4 s.; le pavé et les jardinages,
69,561 l. 14 s.; les fouilles et transports de terre,
33,782 l. 3 s.; les parties extraordinaires (dépenses
diverses), 7,791 l. 5 s. (1). Les années suivantes
virent se déployer pareille activité.

Mme de Montespan se plaisait au milieu des
travaux de Clagny et y donnait volontiers audience.
« Elle s'amuse fort à ses ouvriers, écrit Mme de
« Sévigné le 12 juin 1675 (2); Monsieur (3) y va
« fort souvent.... Il y a des dames qui la vont voir

(1) V. Arch. Nat., O^{1*} 2139, comptes des bâtiments, année
1675. Dans ces dépenses diverses, figurent celles-ci, par exemple,
« à Hynet, en considération de ce qu'il a eu la cuisse cassée
60 l. (O^{1*} 2145) ».

« Audit Champion, pour le vin de l'Ascension des ouvriers qui
« travaillent au bastiment de Clagny, 100 l. (O^{1*} 2141). Ce
Champion était ce que nous appellerions aujourd'hui le gardien des
travaux.

(2) *Lettres de Mme de Sévigné*, t. III. p. 477.

(3) Philippe d'Orléans, né en 1640, mort en 1701.

« à Clagny. Mme de Fontevrault (1) y doit passer
« quelques jours. » L'épouse même du Roi venait
« s'humilier devant la favorite. « La Reine alla
« hier (2) faire collation à Trianon. Elle descendit à
« l'église, puis à Clagny, » ..... Là elle monta dans
la chambre de Mme de Montespan (3). » Elle y fut
« une demi-heure ; elle alla dans celle de M. du
« Vexin (4) qui étoit un peu malade, et puis emmena
« Mme de Montespan à Trianon...... Il y a des dames
« qui ont été à Clagny ; elles trouvèrent la belle si
« occupée des ouvrages et des enchantements que l'on
« fait pour elle, que pour moi je me représente
« Didon qui fait bâtir Carthage : la suite de
« l'histoire ne se ressemblera pas ».

Revenant sur le même sujet, Mme de Sévigné dit
plus loin à sa fille : « Vous ne sauriez vous repré-
« senter le triomphe où elle est au milieu de ses ou-

(1) L'abbesse de Fontevrault, Marie-Madeleine-Gabrielle de Ro-
chechouart-Mortemart, belle et spirituelle comme ses sœurs,
Mmes de Thianges et de Montespan.

(2) Mardi 11 juin 1675.

(3) Les travaux auraient été bien rapidement menés s'il y avait
eu déjà à Clagny des pièces habitables. Mais il est ici question
de quelque pièce de l'ancien manoir. En 1677 il existait encore
à Clagny un vieux bâtiment qui fut démoli cette année-là (O1^e
2144). Ce bâtiment n'était autre, suivant nous, que la Tour
de Clagny, la vieille demeure féodale.

(4) Louis-César, fils du Roi et de Mme de Montespan, abbé de
St-Denis et de St-Germain-des-Prés, né en 1672, mort en 1683.

« vriers, qui sont au nombre de douze cents; le
« palais d'Apollidon (1) et les jardins d'Armide en
« sont une légère description. La femme de son ami
« solide (2) lui fait des visites, et toute la famille
« tour-à-tour ; elle passe nettement devant toutes
« les duchesses (3). »

N'était-ce pas du reste le temps où Louis XIV,
pensant toujours à sa maîtresse au milieu de l'armée
de Flandre, écrivait à Colbert : Mme de Montespan
m'a mandé « que vous luy demandez toujours si elle
« veut quelque chose. Continuez à le faire tou-
« jours » (4). Il s'agissait des travaux de Clagny
que le Roi recommandait sans cesse à son ministre,
entrant dans les plus petits détails, se déclarant un
jour bien aise que Colbert ait acheté des orangers
pour Clagny et ajoutant : « continuez à en avoir
« de plus beaux si Mme de Montespan le désire (5). »

Ainsi poussé, Colbert pressait à son tour l'architecte ; et Mansart activait merveilleusement les

---

(1) Architecte merveilleux de l'*Amadis des Gaules.*

(2) La Reine.

(3) *Lettres de Mme de Sévigné,* t. III. p. 504.

(4) *Corr. de Colbert* publiée par P. Clément, t. VI. p. 327.
Lettre du 8 juin 1675.

(5) *Corr. de Colbert,* t. VI, p. 327, lettre du 15 juin 1675.

travaux, pour faire sa cour au ministre, au Roi et à Mme de Montespan (1).

Clagny était son Versailles, à elle. (2). Quoi d'étonnant à ce qu'elle voulût qu'on n'épargnât rien pour l'orner ? Aussi tout se réunissait-il pour faire de Clagny un séjour enchanté.

« Nous fûmes à Clagny, disait Mme de Sévigné « à sa fille le 7 août 1675, : que vous dirais-je ? « C'est le palais d'Armide ; le bâtiment s'élève à vue « d'œil ; les jardins sont faits. Vous connaissez la « manière de Le Nôtre ; il a laissé un petit bois som- « bre qui fait fort bien ; il y a un petit bois d'oran- « gers dans de grandes caisses ; on s'y promène ; ce « sont des allées où l'on est à l'ombre ; et pour ca- « cher les caisses, il y a des deux côtés des palissa- « des à hauteur d'appui, toutes fleuries de tubéreu- « ses, de roses, de jasmins, d'œillets : c'est assuré- « ment la plus belle, la plus surprenante, la plus « enchantée nouveauté qui se puisse imaginer : on « aime fort ce bois (3). »

Pour permettre à Le Nôtre (4) d'exercer librement

(1) V. aux *Pièces justif.* n° 4, une curieuse lettre de Mansart à Colbert sur les travaux de Clagny (10 septembre 1677).

(2) Elle l'aurait dit un jour au Roi. V. Arsène Houssaye, *Mlle de La Vallière et Mme de Montespan*, p. 273.

(3) *Lettres de Mme de Sévigné*, T. IV. p. 21.

(4) Nous n'avons trouvé aucuns détails sur les travaux de Le

son talent, on avait réuni à Clagny la terre de Glatigny. Elle avait été achetée, le 5 juin 1675, moyennant 300,000 livres (1), au Sr Charles Briçonnet (2).

Elle comprenait : « la maison seigneuriale, qui est
« un grand corps de logis simple de vingt-trois toi-
« ses et demie de face, entre court et jardin, com-
« pris un pavillon qui est à l'un des costés dudit
« corps de logis ; une avant-court entourée de plu-
« sieurs bastimens avec une ferme composée de tous
« les bastimens nécessaires ; à l'entour de la court de
« ladite ferme, deux jardins plantez en fruits et dé-
« pendans contenant environ quatre arpens ; » etc,
plus des bois, terres et prés (3) dont le détail serait
oiseux.

L'union des deux fiefs eut pour effet d'affranchir

Nôtre à Clagny, dans les archives de la Couronne. André Le Nôtre
(12 mars 1613-15 septembre 1700) attend toujours, d'ailleurs, son
biographe.

(1) 224,500 livres furent payés le 19 août 1675 (Arch. Nat.,
O¹1869).

(2) Voici quelques seigneurs de Glatigny dont nous avons relevé
les noms (Arch. Nat., P. 2253 ²).

En 1463, Philippe des Essarts.
En 1474,   id.
En 1486, Antoine des Essarts.
En 1560, Jean Briçonnet.
En 1632, Alexandre Briçonnet
Et en 1672, Charles Briçonnet
(3) Arc. Nat., O ¹ 3925.

MAISON ROYALE DE CLAGNY, appartenant à S. A. S. M.ʳ le prince de Dombes.

Vue du côté du jardin, d'après la gravure de J. Rigaud.

le Roi de l'hommage qu'il avait dû jusque-là, à rais-
son du domaine de Clagny, aux seigneurs de Glatigny (1).

Cependant la hauteur, les exigences toujours nouvelles, l'impatiente humeur de la favorite, et plus
encore, Mme de Maintenon aidant, les remords de sa
conscience et le scandale d'une pareille liaison déta-
chaient peu à peu le Roi de Mme de Montespan. Le
jubilé de 1676 avait amené entre les deux amants
une première séparation. » Vous serez bien content
« de moi, disait Louis XIV à Bourdaloue, Mme de
« Montespan est à Clagny. — Dieu le seroit bien plus,
« répondait le prédicateur, si Clagny étoit à quarante
« lieues de Versailles (2) »

Un rapprochement eut lieu, en effet, dont un
auteur, fort justement suspect, a prétendu tirer un
piquant tableau. On se faisait, assure-t-il, des pro-
messes de s'aimer chastement; on se donnait des
rendez-vous pour les violer. « Racine mettoit en
« vers les billets du Roi : et Mr de Condom, le
« courrier des deux amants, couvert d'un manteau

(1) Le petit manoir de Glatigny ne fut pas démoli.
(2) *Mémoires pour servir à l'histoire de Mme de Maintenon*
t. 2, p. 132. Amsterdam 1756). Nous n'ignorons pas le peu de
crédit que mérite l'auteur de ces mémoires, l'infidèle La Beaumelle ;
mais si le mot n'est pas vrai, il est, du moins, vraisemblable.

« gris, alloit tous les soirs de Clagny à Versailles (1).

La faveur de Mme de Maintenon croissait pourtant de jour en jour. Dès le 6 mai 1676, Mme de Sévigné la montre régnant à la Cour : « elle est, dit-elle, en-« core plus triomphante que celle-ci (2) ; tout est « comme soumis à son empire (3).

« Tout le monde croit que l'étoile de Mme de Mon-« tespan pâlit. Il y a des larmes, des chagrins natu-« rels, des gaietés affectées, enfin .... tout finit (4). »

Mme de Montespan fit encore avec le Roi un voyage, celui de Flandre et de Lorraine, en février 1678 ; mais ce fut le dernier. Elle vit cette même année, tomber son empire, qui ne se releva plus. Les auteurs con-temporains placent ce fait à diverses dates, n'ayant pas connu le mémoire qui fut remis au Roi par Colbert, lors de l'affaire de la Voisin (5).

(1) *Mémoires pour servir à l'histoire de Mme de Maintenon, i b i d ..* Les souvenirs de Mme de Caylus confirment les efforts de Bossuet pour ramener le Roi au devoir. Il est inutile d'ajouter que le grand évêque ne fut pour rien dans le rapprochement qui suivit bientôt la première séparation

(2) Mme de Montespan.

(3) *Lettres de Mme de Sévigné,* T. IV, p. 434-435.

(4) Lettre du 11 septembre 1676. t. V. p. 56.

(5) La fille de la Voisin déposa avoir entendu dire à sa mère qu'elle était allée plusieurs fois, pendant cinq à six ans, porter des poudres à Mme de Montespan, à Saint-Germain et à Clagny pour lui ramener le cœur du Roi. Des conjurations avaient été faites en brûlant des fagots ; des poudres portées ou envoyées ; etc. etc. Colbert réfuta cette déposition dans le mémoire auquel nous em-pruntons ce passage.

« Sa Majesté sçait, dit-il, que les petites inquié-
« tudes de jalousie que l'affection peut avoir pro-
« duites dans l'esprit de Madame de Montespan
« n'ont commencé qu'en 1678,..... et les jalousies
« qu'elle a eues depuis 1678 n'ont esté que des mou-
« vemens d'affection qui ne l'ont pas tirée le moins du
« monde de cette mesme assiduité » et de ce mesme
attachement à son bienfaiteur, son maître et son
roi (1).

N'est-il pas curieux de trouver le grand ministre
mêlé à de semblables détails, et n'est-ce pas un
trait caractéristique de l'époque de le voir enregis-
trant ainsi les diverses amours de son Roi ?

L'union secrète du Roi et de Mme de Maintenon,
célébrée peu après la mort de la Reine (2), « à la
« fin de 1683 ou tout au plus au commencement de
« 1684 », (3), précipita la ruine de Mme de
Montespan.

La Cour en eut des preuves éclatantes. En sep-
tembre 1684, le Roi alla à Chambord, ayant Mme de
Maintenon dans son carosse, tandis que Mme de
Montespan suivait seule dans sa voiture avec ses

(1) *Corresp. de Colbert* publiée par P. Clément, t. VI, p. 418.
(2) Marie-Thérèse d'Autriche mourut le 30 juillet 1683.
(3) M. A. Geffroy. Les *lettres de Mme de Maintenon*, V. la
Revue des Deux mondes du 15 janvier 1869. (p. 390-391)

enfants (1). Au mois de décembre de la même année,
le Roi reprit pour lui, à Versailles, l'appartement de
Mme de Montespan et lui donna l'appartement des
bains qu'on parqueta (2). « Ce fut le premier grand
« pas de sa disgrâce et de son éloignement (3). »

Elle ne pouvait plus rester à la Cour. Sa vue
rappelait au Roi, désormais rentré dans le devoir,
le scandale de leur vie passée ; et Versailles ne lui
offrait à elle-même que de pénibles souvenirs.
C'est alors que Louis XIV, comme pour lui permettre de rester encore près des lieux où régnait
sa rivale et qu'elle ne pouvait plus habiter, fit don
du château et de la terre de Clagny à Mme de Montespan.

Faite en janvier 1685 (4), la donation fut de suite
enregistrée au Parlement et à la Chambre des Comptes. Elle substituait à Mme de Montespan, en cas de
décès, le duc du Maine (5) et ses enfants mâles ;

(1) *Journal de Dangeau*, t. I, p. 55.

(2) Le petit appartement qu'on reprit à Mme de Montespan
« étoit moins contigu au derrière du cabinet du Roi qu'il en étoit
« une suite » *(Journal de Dangeau*, t. I, p. 78).

(3) *Journal de Dangeau*, t. I, p. 78 (Annotation de Saint-
Simon).

(4) Arch. Nat, O^1 29, f° 4 V^o. (V. le texte de la donation, aux
*Pièces justificative*s n° 5.

(5) Né le 31 mars 1670, mort le 14 mai 1736.

et, à leur défaut, le comte de Toulouse (1) et sa postérité masculine.

Outre le château de Clagny, l'acte royal comprenait le manoir de Glatigny et les dépendances de ces deux fiefs. Elles consistaient en terres, en prés et en bois. Le bois de Clagny mesurait à lui seul 18 arpents 72 perches et demie, sis autour de la butte de Picardie (2) ; 800 arpents de bois taillis, excellents pour la chasse, sis à Louveciennes, à Rueil, à la Malmaison, à Viroflay, à Marnes, à Montreuil, à Porchefontaine, à Chaville, à Jouy, à Verrières, à Amblainvilliers et à Bièvre, étaient joints à ce beau domaine (3).

En 1685, le château de Clagny venait d'être achevé (4). Il reste à décrire cette magnifique demeure, commencée dans tout l'éclat de la faveur de Mme de Montespan, où elle avait reçu jadis les hommages de la Cour, et où elle allait maintenant reparaître « com-

(1) Né le 6 juin 1678, mort le 1 décembre 1737, Grand-Amiral de France.

(2) 14 arpents seulement étaient en bois pleins ; le reste en bruyères, en friches ou en avenues.

(3) Le Roi avait retenu sur tous ces biens les droits de fief, mouvance et justice, qu'il avait unis au Domaine de Versailles. Nous donnons aux *Pièces justificatives*, n° 6, le résumé de l'état des châteaux de Clagny et de Glatigny et des terres en dépendant, au 11 janvier 1685.

(4) V. aux *Pièces justificatives* la Note sur l'emplacement du château de Clagny.

« me ces âmes malheureuses, qui reviennent dans
« les lieux qu'elles ont habités expier leurs fautes. (1).

Nous empruntons, pour cette description, la
plume autorisée d'un auteur de l'époque.

« Ce chasteau, dit le *Mercure Galant* de Novem-
« bre 1686 (p. 86 et s.), est presque de la mesme
« position (2) que celuy de Versailles ; le corps n'a
« point de partie détachée, et consiste dans un grand
« corps de bâtiment simple, ayant deux aisles dou-
« bles en retour, au bout desquelles sont encore en
« retour et sur la face du devant, deux autres aisles
« simples (3).

« La court a trente toises de large sur trente-
« deux de profondeur, sans y comprendre une de-

_____

(1) *Souvenirs de Mme de Caylus*, p. 172 (édition Jeaunet).

(2) Le tout construit en pierre de St Leu, « pierre aussi luisante
que le marbre, » au dire de Sauval (*Antiquités de Paris*, T. I.
p. 425). Cette annotation et les suivantes sont empruntées par
nous aux comptes des Bâtiments du Roi conservés aux Archives
Nationales (O ^{1*} 2138—2151, années 1674—1681)

(3) V. au musée de Versailles, dans la salle des résidences royales,
la toile de Jean-Baptiste Martin intitulée : Versailles vers 1678 ; vue
du château de Clagny. C'est moins une reproduction fidèle du
château qu'un tableau de chasse. D'élégants cavaliers escortent des
dames en carosse ou à cheval. Le cortége semble sortir du château.
A l'horizon, s'aperçoivent Versailles, l'église Notre-Dame, l'étang
et les moulins de Clagny. A droite des chasseurs est un petit bois ;
gauche, une prairie et des coteaux boisés. C'est bien le Clagny
de St Simon « Clagny, château superbe, avec ses eaux, ses jardins
son parc » St Simon, (édition Hachette, in 8°, t. XII, p. 468).

» mi-lune qui la ferme (1) par devant et qui en
« augmente la grandeur.

« On monte à l'étage du rez-de-chaussée (2) par
« cinq perrons quarrez, qui élèvent cet étage de
« quatre à cinq pieds. La distribution du plan
« de l'étage au rez-de-chaussée, qui est le principal
« et bel étage, consiste en un grand sallon, qui sert
« de passage pour aller de la court au jardin, et
« dégage et communique deux apartemens pour le
« Roy. Ce salon est décoré par dedans de grands
« pilastres corinthiens, avec leur entablement régu-
« lier, au-dessus duquel est un ordre atique, dont
« l'entablement porte la voûte surbaissée.

« Les apartemens de part et d'autre ont les pièces
« presque pareilles, excepté que du costé de l'aisle
« droite en entrant, il y a un cabinet à l'encoignure
« de la face principale sur le jardin, et ensuite un
« autre cabinet, qui est commun à un appartement
« en aisle qu'un autre grand vestibule (3) dégage
« d'un autre apartement, dont le grand cabinet der-

(1) La fermeture de la cour fut achevée vers le mois de juin 1679
(O 1 * 2147).

(2) Des caves régnaient sous tout l'édifice, sauf sous la galerie
de droite où étaient en sous-sol la boulangerie, la cuisine, les offices
et le garde-manger. (V. l'atlas du château de Clagny publié en
1678).

(3) Les grands vestibules du château de Clagny étaient pavés
de marbre blanc et noir. (O 1 * 2149).

« rière la chapelle est dans l'aisle simple en retour
« sur la face. De l'autre costé est un petit aparte-
« ment des bains (1) sur la court, au derrière du-
« quel il y a une grande Galerie de trente-cinq toi-
« ses de long et de vingt-cinq pieds de large (2) qui
« est composée de trois salons un peu plus larges
« que les intervalles qui les joignent.

« Elle est décorée d'un grand ordre corinthien,
« dont l'entablement régulier est enrichy de sculp-
« ture. La voûte est ornée de divers compartimens,
« qui renferment des quadres, où doivent estre des
« tableaux qui représenteront l'histoire d'Enée. Au-
« dessus de la corniche, et à la naissance des arcs
« doubleaux, sont des groupes en relief de figures
« assises, qui représentent plusieurs divinitez, les
« Élémens, les Saisons et les Parties de la Terre
« avec leurs attributs.

« Le grand salon du milieu, plus élevé que les
« autres, est d'un ordre attique, et la voûte est portée
« par quatre trompes, où sont huit grands esclaves.

« Les salons des bouts sont voûtez de manière
« que la voûte porte sur six arcs surbaissez, et dans

(1) Le cabinet de bains de Clagny était pavé d'une marquete-
tie de marbre (O 1 * 2145.) que protégaient des nattes (O 1 *
2152).

(2) Cette galerie était, semble-t-il, achevée le 12 octobre :680
(O 1 * 2149).

« les coins des groupes, des figures de demy bas-
« relief représentent des Nymphes qui portent des
« corbeilles de fleurs et de fruits et retiennent le
« grand quadre du milieu, qui est à huit pans.

« Au bout de cette galerie, on descend par quelques
« degrez dans une orangerie (1) pavée de marbre,
« longue de vingt-quatre toises et large de vingt-
« cinq pieds.

« A l'autre encoignure est la chapelle, à main
« droite, d'un ordre corinthien (2). Son plan est
« rond et de trente pieds de diamètre. Le grand
« escalier est dans l'aisle droite en entrant (3). La
« structure est extraordinaire, et l'appareil des
« pierres est fort ingénieux ; il mène dans un vesti-
« bule joint à un salon qui dégage deux apparte-
« mens joints à deux autres petits, d'où l'on peut
« entendre la messe dans la chapelle par des tri-
« bunes.

« Je ne vous décris point, poursuit l'écrivain,

(1) A droite et à gauche, en entrant dans la cour du château,
se trouvaient des galeries basses. L'une renfermait l'orangerie ;
l'autre, l'apothicairerie et l'infirmerie.

(2) En octobre 1680, un paiement est fait pour travaux relatifs
à la pose de la voûte de la chapelle ;

En janvier 1681, la chapelle n'était pas encore complètement
finie (O1* 2149).

(3) Le grand escalier était achevé le 4 juin 1679 (O1* 2147).

« tous les apartemens de ce superbe édifice, le détail
« en seroit trop long ; mais je ne puis m'empêcher
« de vous parler des beautez que M. Mansard, qui
« en est l'architecte, a mêléez en dehors.

« L'étage du rez-de-chaussée est d'ordre dorique.
« Le pavillon du milieu (1) est décoré par six
« colonnes isolées, et les vestibules des aisles par
« deux colonnes aussi isolées avec des pilastres.
« Outre la saillie dont les pavillons flanquent le
« corps et les aisles de ce chasteau, il y a des avant-
« corps, les uns ornez de pilastres, et les autres sans
« pilastres ; ils sont couronnez de l'entablement de
« cet ordre.

« L'avant-corps du côté du jardin, au milieu de
« la principale façade, est décoré de six colonnes
« comme celuy de la court, et les aisles, chacune de
« quatre, dans le milieu de leur longueur.

« Au bout de chaque petite aisle en retour sont
« deux avant-corps de quatre pilastres chacun. Au-
« dessus des avant-corps du grand pavillon du
« milieu, et sur l'ordre dorique, tant sur la court
« que sur le jardin, sont posées des colonnes d'ordre
« composite qui portent un fronton dont le timpan
« est orné de sculpture et termine cette ordonnance.

(1) Des tapisseries fixées par des tringles ornaient les logements
du corps de logis principal (O¹ 217).

« L'attique, au-dessus du corps et des aisles, est
« beaucoup plus bas que l'ordre composite. Les
« pilastres attiques répondent aux pilastres et aux
« colonnes doriques. Les avant-corps de la teste des
« pavillons sont couronnez de frontons triangulaires.
« L'entablement de cet ordre attique n'est qu'une
« corniche architravée qui porte une balustrade au
« pied des combles.

« Les fenestres des étages au rez-de-chaussée
« sont ornées de chambranles, consoles, frises de
« sculpture, et de corniches avec un adoucissement
« au dessus. Les croisées du grand sallon du milieu
« sont trois grandes arcades entre des colonnes
« doriques tant sur le jardin que sur la court, et
« celles de l'ordre composite sont des fenestres
« bombées. Les fenestres de l'ordre attique sont
« ornées de consoles et de frises taillées d'entrelas.

« Le grand pavillon du milieu est couvert d'un
« dôme dont le plan est quarré, et le reste du chas-
« teau est couvert de combles brisez ou à la Man-
« sarde.

« Ainsi tout ce que l'on peut dire de cette maison
« c'est que le bastiment en est accomply (1) ; que la

(1) Ajoutons qu'en 1678 un petit modèle du château avait été
fait par les Srs Mazeline et La Perdrix et qu'il fut payé 1220 l.
(O1* 2145).

« symétrie et la régularité y sont observées ; que les
« ornémens (1) de sculpture (2) y conviennent, que les
« profils en sont d'un excellent goût, et que les orne-
« ments de dehors sont très-bien accomodez aux
« étages du dedans.

« Le jardin (3) tire son plus grand ornement
« d'un bois de haute futaye, de plusieurs parterres (4)
« en broderie, et des boulaingrains de diverses figures,
« ainsi que des bosquets de charmille et des cabinets
« de treillages ornez d'architecture.

« Il y a de très-belles palissades de mirthes qui

(1) Il existe au Cabinet des Estampes de la Bibliothèque
Nationale quelques croquis originaux de certains de ces orne-
ments.

(2) Parmi les sculpteurs employés, nous citerons Houzeau fils
qui fit une figure de pierre pour 120 l., Lecomte qui en exécuta
deux pour 400 l., Raon quatre pour 400 l., et cinq pour 300 l.
(O¹ᵃ 2149, année 1680).
Le Hongre fut l'un des peintres décorateurs qui travaillèrent le
plus à Clagny.

(3) Le jardinier en chef de Clagny s'appelait Olivier Fleurant.
Il touchait 2550 l. par trimestre (gages personnels et entretien du
jardin (O¹ᵃ 2147). Le jardinier de Glatigny se nommait Paul Tou-
chart ; il touchait 612 l. 10 s. par trimestre (ibid.)
Le jardin de Clagny comprenait, en dehors de ce qui était donné
à l'agrément, un potager et une pépinière. Il y avait pour l'arro-
sage de Clagny huit pompes et 12 grandes cuves de bois (O¹ᵃ
2145).

(4) Ces parterres étaient ornés, au moins en 1676 et en 1677, de nar-
cisses, de jacinthes, de pieds de julienne, de seringats, de rosiers de
Hollande, d'œillets et de pots de jasmin (O¹ᵃ 2141 et 2144). Les

« sont assez garnies pour enfermer des quaisses
« remplies d'orangers (1) et d'autres arbrisseaux,
« de manière que les quaisses n'estant point veües,
« il semble que les orangers soient nez dans les pa-
« lissades.

    « L'étang (2) appelé *de Clagny* sert aussi de canal
« à la veüe du chasteau (3). »

    Quant aux dépenses de Clagny, les comptes offi-
ciels des Bâtiments du Roi les donnent, année par
année, depuis 1674, époque à laquelle s'ouvre,
avec un singulier cynisme, le chapitre intitulé :

courtisans se faisaient marchands de fleurs, pour plaire à la favorite :
« à M. de Chamillart, pour 8950 jonquilles qu'il a envoyées de
Caen, y compris la voiture, pour ledit jardin, 1368 l. 11 s.
(Payement du 6 septembre 1675. O¹ˣ 2139) ».

    (1) La plupart de ces orangers furent achetés en 1675. Voic i
quelques renseignements sur les prix :

    Au Sr [Girard] pour 40 orangers   6.000 l.
    A Mˡˡᵉ Le Sec pour 50   id.   1,750 l.
    Au Sr Dupuis, jardinier, pour 19 id.   720 l.
    Aux Directeurs des créanciers du feu
       Sr de Faverolles, pour 94 orangers   12,000 l. (O¹ˣ 2139).

    (2) Le 27 avril 1680, un paiement est fait pour le rétablisse-
ment de la chaussée de l'étang de Clagny (O¹ˣ 2149).

    En 1682, il est question de travaux pour fonder le gros mur du
bout de l'étang (O¹ 2153).

    (3) Un peu en arrière du château étaient les écuries et la jolie
ménagerie où se voyaient, dit Mᵐᵉ de Sévigné, les tourterelles les plus
passionnées, les truies les plus grasses, les vaches les plus pleines,
les moutons les plus frisés et les oisons les plus oisons. (Lettre du
18 nov, 1676, édition Montmerqué, t. V, p. 146),

« Pour la construction d'une maison à Versailles
« pour messeigneurs les enfans naturels du Roy (1) »
jusqu'en 1684, moment de l'achèvement des travaux.

Voici l'état des sommes allouées pendant cette
période (2) :

Années.	Sommes allouées.	
1674	75,000 livres.	
1675	300,000	»
1676	380,000	»
1677	340,000	»
1678	340,000	»
1679	340,000	»
1680	140,000	»
1681	46,000	»
1682	56,000	»
1683	56,000	»
1684	00,000	»

Les sommes *allouées* ne correspondent pas
toujours exactement, on le devine, aux sommes *dé-
pensées*. Ainsi, en 1674, il fut dépensé 127,176 l.
10 s. 8 d.; en 1678, 294,834 l. 17 s.; l'année suivante, 189,946 l. 18 s.; en 1684, où il n'y a aucun
crédit alloué, il fut dépensé 213 l. 15 s.

(1) Arc. Nat., O¹ᵃ 2138, fᵒ 109 vᵒ.
(2) Mansart touchait un traitement fixe de 6,000 l. par an;
sans compter les énormes profits de tous genres que lui valait sa
position, pots-de-vin, gratifications, etc.

Si on ajoute au total des sommes allouées (1) pour la construction du château (2) les 75,000 fr. payés pour l'acquisition du fief de Clagny et les 300,000 fr. que coûta l'achat de Glatigny en 1676, on obtient un total de 2,448,000 fr., ainsi décomposé :

1° Achat de Clagny......... 75.000 liv.
2° Achat de Glatigny........ 300.000
3° Frais de construction...... 2.073.000

2.448.000 liv.

Le chiffre de 2,073,000 fr. que nous donnons ici, d'après les comptes royaux, pour la seule construction du château de Clagny, s'accorde, à peu de chose près, avec celui de 2,074,592 l. 9 s. 5 d. qu'indique pour le même objet Saint-Simon, dans ses mémoires (3). Il se rapporte moins bien, au contraire, au résultat, sans doute erroné, obtenu par M. Le Roi. Cet auteur élève, en effet, à 2,861,728 liv. 7 s. 8 d. l'ensemble des dépenses de Clagny, les frais de construction étant évalués par

(1) Nous ne parlons que des sommes affectées à cette destination précise.

(2) Y compris les dépendances et les jardins de Clagny et de Glatigny.

(3) T. xii, p. 512-513 (édition Chéruel in-8°). Le total de Saint-Simon est adopté par M. Ossude dans son curieux ouvrage « *Le Siècle des beaux-arts et de la gloire, ou la mémoire de Louis XIV justifiée* » (Versailles, 1838, in-8°, p. 247-248).

lui à 2,456,218 l. 7 s. 8 d. et les achats de terres à
405,502 l. (1).

Avant la donation de 1685, Mme de Montespan ne
laissait pas de jouir de la maison, des jardins et du
parc de Clagny; « mais elle n'en avoit pas le revenu (2). » Une fois que le Roi lui eut donné Clagny et Glatigny, elle se hâta d'affermer ces deux
terres. Le 23 mars 1685, le bail fut conclu avec
François Gautier, marchand de bois à Paris,
moyennant le paiement annuel de 20,000 l. (3).

Mme de Montespan habita d'abord quelque temps
Clagny. Son fils, le duc d'Antin (4), y fut recueilli
par elle, le 6 avril 1686, quand, revenant de courir
le cerf avec le Dauphin, il fit, en rentrant à Versailles,
une chute de cheval fort dangereuse (5). Mlle de Blois,
qui eut la même année la petite vérole, vint aussi

(1) On pourra bientôt, d'ailleurs, s'édifier complètement sur la
question quand aura paru l'intéressante publication que M. J. Guif-
frey prépare sur les *Comptes des Bâtiments Royaux*.

(2) *Journal de Dangeau*, t. I. pag. 147.

(3) Arch. Nat., O^1. 3925. Les Intendants de Mme de Montespan, persuadés qu'elle devait jouir des droits de directe féodale et
censière des terres de Clagny et de Glatigny, comprirent d'abord
ces droits dans les baux à ferme de ces terres; mais ils recon-
nurent ensuite leur erreur et cessèrent d'en disposer. (Extrait
d'un mémoire rédigé après 1693. Arch. Nat., O^1 3925).

(4) Fils de M. et de Mme de Montespan, type achevé du courtisan.

(5) *Journal de Dangeau*, t. I. pag. 319.

demeurer à Clagny où sa mère s'enferma avec elle (1).

Le désir de « savoir plus souvent des nouvelles du Roi (2), » ou le soin de faire honneur aux hôtes de Clagny, y faisait revenir encore Mme de Montespan. Elle y reçut magnifiquement en 1686 les fameux Ambassadeurs de Siam que Louis XIV se plut à éblouir de sa gloire (3). « Elle demeura « quelque temps à Clagny, dit vers la même époque « Mme de Caylus, où je la voyois assez souvent avec « Mme la Duchesse (4). »

Enfin Mme de Montespan s'éloigna davantage de Versailles, partageant désormais sa vie entre Paris et Fontevrault, et voyageant sans cesse de la maison des filles de saint Joseph à l'abbaye de sa

(1) Françoise-Marie, née le 4 mai 1677, de Louis XIV et de Mme de Montespan. Elle devint, on le sait, duchesse d'Orléans. On a souvent reproché au Régent cette mésalliance.

(2) *Journal de Dangeau*, t. I. p. 419.

(3) « Il y a quelques jours qu'ils sont à Clagny, dit Dangeau « le 2 octobre 1686, où ils sont traités magnifiquement » *Journal*, t. I, p. 395.) V. sur ces ambassadeurs, le même *journal*, t. II, p. 155, et l'ouvrage de M. E. Gallois, publié, en 1862, à Paris sous ce titre : *L'ambassade de Siam au XVIIe S*. On garda le souvenir de ces hôtes singuliers en faisant reproduire leurs portraits « au naturel » dans le premier salon de droite du château (V. Expilly, *Dictionnaire Géographique de la France*, v°. Clagny).

(4) *Souvenirs de Mme de Caylus* (édition Jeannet), p. 172.

sœur (1). L'hiver à Paris, et l'été à Fontevrault (2),
elle ne laissait pas, cependant, de faire de temps en
temps une apparition à Clagny, et même à Versailles
quand le Roi n'y était pas. La maladie de Mme de
Chartres l'y attira plus d'une fois (3). Elle n'avait
pas d'ailleurs renoncé complétement à la Cour, se
proposait d'y voir encore le Roi quelquefois et
trouvait qu'on s'était « un peu hâté de faire démeu-
bler son appartement » (4).

Clagny restait pourtant, le plus souvent, inhabité et
ne voyait qu'à de rares intervalles celle pour laquelle
il avait été créé.

Le 24 mai 1707, un courrier parti de Bourbon,
où Mme de Montespan se trouvait à prendre les
eaux, vint annoncer à Marly qu'elle avait eu une
« vapeur très forte. » Il s'agissait d'une attaque
d'apoplexie. Le 26, un des gens de M. d'Antin fit
savoir que Mme de Montespan était à la dernière extrémité. « Le Roi permit à M. le Comte (de
Toulouse) de partir dans l'instant pour Bourbon ; mais on ne croit pas qu'il aille jusque-
là (5). » Elle mourait, en effet, le lendemain à

(1) *Journal de Dangeau*, t. III, p. 325 et 437.
(2)   id.   t. V, p. 106.
(3)   id.   t. IV, p. 433 et t. VII, p. 399.
(4)   id.   t. III, p. 325.
(5)   id.   t. XI, p. 374 et s.

3 heures du matin ; et le comte de Toulouse apprenait la triste nouvelle à Montargis (1).

(1) Il ne poussa pas plus loin et se rendit à Rambouillet. Mme de Montespan avait profité « de sa très involontaire retraite de la « Cour pour faire pénitence. Elle fit voir jusqu'à sa mort que la « grâce surabonde où le péché a abondé. » *Journal de Dangeau*, t. III, p. 300 et t. XI, p. 380-381). Dès le 10 septembre 1683, Mme de Maintenon écrivait à la Ctesse de St Géran : « Nous « sommes ici tranquilles. Mme de Montespan s'est jetée dans la « plus grande dévotion, il est bien temps qu'elle nous édifie. Je « ne songe plus à me retirer. » (*Choix de lettres*, édition Delanoue, p. 114.) Ces quelques mots peignent bien la femme qui les écrit.

III.

CLAGNY
DEPUIS LA MORT DE Mme DE MONTESPAN
JUSQU'A NOS JOURS.

I. Le duc du Maine.

A mort de Mme de Montespan fit passer Clagny entre les mains de son fils aîné, le duc du Maine. Elève préféré de Mme de Maintenon, son ancienne gouvernante, ce prince lui avait de bonne heure sacrifié Mme de Montespan ; « et « toutes deux ne l'oublièrent jamais (1). »

« Il avait eu l'art, dit Saint-Simon, de persuader au « Roi qu'avec beaucoup d'esprit, qu'on ne pouvai « lui méconnaître, il était sans aucunes vues, sans « nulle ambition, et un idiot de paresse, de soli-

(1) Saint-Simon, *Mémoires* (édition Chéruel), t. VI, p. 5.

« tude, d'application, et la plus grande dupe du
« monde en tout genre. Aussi passait-il sa vie dans
« le fonds de son cabinet, mangeait seul, fuyait le
« monde, allait seul à la chasse, et de cette vie
« sauvage s'en faisait un vrai mérite auprès du Roi,
« qu'il voyait tous les jours en toutes les heures par-
« ticulières; enfin, suprêmement hypocrite, à la
« grand'messe, aux vêpres, au salut toutes les fêtes
« et dimanches avec apparat. Il était le cœur, l'âme,
« l'oracle de Mme de Maintenon, de laquelle il faisait
« tout ce qu'il voulait, et qui ne songeait qu'à tout ce
« qui lui pouvait être le plus agréable et le plus avan-
« tageux, aux dépens de quoi que ce pût être.

Quant à sa femme, la duchesse du Maine, « c'était
« une tout autre nature. Elle avait, dit le même au-
« teur, du courage à l'excès, entreprenante, auda-
« cieuse, furieuse..., indignée contre la prudence et
« les mesures de son mari qu'elle appelait misères
« de faiblesse, à qui elle reprochait l'honneur qu'elle
« lui avait fait de l'épouser, qu'elle rendit petit et
« souple devant elle en le traitant comme un nègre,
« le ruinant de fond en comble sans qu'il osât pro-
« férer une parole, souffrant tout d'elle dans la
« frayeur qu'il en avait et dans la terreur encore
« que la tête achevât tout-à-fait de lui tourner.
« Quoiqu'il lui cachât assez de choses, l'ascendant
« qu'elle avait sur lui était incroyable, et c'était

« à coups de bâton qu'elle le poussait en avant (1). »

La duchesse du Maine aimait passionnément le théâtre et les émotions qu'il procure. En 1705, elle joua presque tous les jours à Clagny. En 1708, pendant que le roi remplissait de fêtes Versailles et Marly, elle « se donna en spectacle tout l'hiver et « joua des comédies à Clagny, en présence de toute « la Cour et de toute la ville (2). » Le *Mercure Galant* est plein de détails sur les divertissements de Clagny, à cette époque.

Ce n'est pas cependant dans ce château que la duchesse demeurait habituellement. Elle lui préférait le séjour de Sceaux ; c'est là qu'elle aimait à réunir ses amis, assez loin de Versailles pour que la libre gaieté de sa petite cour n'y vînt pas éveiller les médisants propos. L'esprit ingénieux de Mlle de Launay, plus tard Mme de Staal, était souvent mis à contribution pour l'invention de nouveaux divertissements ; et ses piquants mémoires nous initient à merveille à la vie de plaisirs des habitués de cette charmante résidence.

Délaissé par la duchesse du Maine, Clagny n'était guère plus en faveur auprès du duc. Le souvenir de

(1) Saint-Simon, *Mémoires* (édition Chéruel) t. VI, p 4.
(2) Saint-Simon, *Mémoires*, t. V, p. 79 et t. VI, p. 155 (édition Chéruel, in-8°).

Mme de Montespan s'y trouvant attaché, le prince était courtisan trop achevé pour se faire voir souvent en ce lieu.

Peu de rapports existaient donc entre Clagny et son nouveau maître (1). On ne l'y voit guère s'installer un moment que longtemps après, dans de fâcheuses circonstances, au lendemain de la conspiration de Cellamare.

Les mécontents, groupés autour de la duchesse du Maine, avaient-ils une idée bien nette de ce qu'ils désiraient? On en douterait à lire ce passage ironique des mémoires de Mme de Staal : « Je me dispense d'expliquer leur plan, parce que je n'y ai « rien compris; et peut-être n'en avaient-ils « point (2). » Il paraît cependant certain que le but du complot, fomenté par le cardinal Albéroni et connu dès sa naissance par Dubois, était d'arrêter le régent, de convoquer les États-Généraux et de nommer Philippe V à la régence. Une fois dé-

---

(1) Le duc avait fait placer à Clagny les 12 petites pièces de canons montées sur affûts que lui avaient données les officiers de la ville de Paris quand il avait pris possession de sa charge de grand-maître de l'artillerie de France. M. le général Morin, dont le monde savant déplore la perte récente, possédait, nous assure-t-on, un de ces canons.

(2) *Mémoires de Mme de Staal* (édition Petitot), p. 344.

couvert, l'instigateur de l'intrigue, l'ambassadeur du
roi d'Espagne, le prince de Cellamare, fut reconduit
à la frontière. Le 29 décembre 1718, on arrêta le
duc du Maine à Sceaux (1), et on l'enferma à Doul-
lens. La duchesse était elle-même envoyée à Châ-
lons, le prince de Dombes (2) à Bourges et le comte
d'Eu (3) à Gien.

On n'était plus au temps de la Fronde. Le duc et
la duchesse du Maine, coupables surtout de légèreté,
n'inspiraient aucune crainte. Ils furent bientôt remis
en liberté.

« Le duc du Maine se rendit alors à Clagny, près
« de Versailles, et non à Sceaux où il avait réglé que
« ses enfants n'iraient pas non plus (4). » Arrivée
à Sceaux, la duchesse n'y trouva personne.
« Quand elle sut que le séjour de M. le duc du
« Maine à Clagny était de son propre choix, elle
« fut encore plus affligée : cette disposition de la
« part de ce prince sembla lui présager de nouveaux
« malheurs » (5). Elle fit faire auprès de lui les

(1) Barbier, *Journal*, t. I, p. 27.
(2) Fils aîné du duc et de la duchesse du Maine, né le 4 mars
1700.
(3) Second fils du duc et de la duchesse du Maine, né le 15 octobre 1701.
(4) *Mémoires de Mme de Staal* (édition Petitot), p. 456.
(5) *Mémoires de Mme de Staal*, p. 457.

plus pressantes démarches ; mais ce fut en vain. Il
« s'obstinait à rester à Clagny et ne voulait point la
voir. »

De janvier à juillet 1720, le duc habita Clagny (1) ;
ce ne fut qu'après de nouvelles instances qu'il con-
sentit enfin à une réconciliation ; et Clagny fut de
nouveau délaissé. Il ne paraît pas que le duc du
Maine y soit souvent revenu pendant le reste de sa
vie.

Au moment de sa mort (2) qui arriva le 16
mai 1736, d'importants changements étaient en voie
de se faire dans les environs du château de Clagny.
Il convient d'en dire un mot.

L'étang de Clagny était sur le point de disparaître.
Diverses causes commandaient cette mesure : le
manque de terrains à bâtir, et surtout la salubrité
de la ville à laquelle il fallait pourvoir.

Depuis l'établissement du nouveau cours créé en
1733 le long de l'étang (c'est aujourd'hui la rue
Neuve), une double ligne de constructions s'y était

---

(1) St-Simon, *Mémoires* (édition Chéruel, in-8o., t. XVII, p.
372.

St-Simon prétend que les deux époux ne jouèrent là qu'une comé-
die concertée d'avance.

(2) Il mourut des suites d'un cancer au visage, à l'âge de 66
ans.

élevée. Les fosses de ces maisons s'écoulaient presque toutes « par des pierrées dans les aqueducs « de la ville, lesquels se vidaient..... dans l'étang de « Clagny, « ce qui occasionna à plusieurs reprises des « maladies contagieuses. » La voirie de Versailles n'existait pas encore. « En 1734, M. Coste, grand « voyer de Versailles, ordonna de faire murer « toutes ces pierrées et l'année suivante, 1735, on « établit la voirie actuelle pour y transporter toutes « les vidanges de la ville (1) ». Mais cela n'aurait pas suffi ; il fallait supprimer le siège de l'infection. Le dessèchement de l'étang fut résolu. On y trouvait en même temps le moyen de donner à la ville du côté de la paroisse de Notre-Dame un agrandissement devenu nécessaire. Au mois de janvier 1736, l'étang de Clagny fut mis en écoulement, (2) et il y resta jusqu'au 10 juin de la même année (3).

L'étang, vidé, il restait à le combler. Les sieurs Pinson, Convert et Legeret furent chargés, par adjudication, de ce travail, à raison de 5 l. 17 s. 6 d. par toise cube de terre, et moyennant la somme totale de 101,654 l. 17 s. 1 d. (4). Ils y employèrent

(1) Le Roi, *H^re des rues de Versailles*. T. II, p. 432-433
(2) L'architecte Gabriel dressa le 19 février 1736 un plan des travaux à faire pour combler l'étang (Arch, nat., O^1. 1869).
(3) Bibliothèque de la ville de Versailles, *manuscrit de Narbonne*
(4) Arch. nat., O^1. 3929. Extrait d'une ordonnance de paiement du 28 septembre 1749.

d'abord des terrassiers, puis leurs hommes les ayant en partie abandonnés, des ouvriers de l'armée. Deux bataillons suisses vinrent à cet effet d'Alsace, comptant 30 officiers et 1169 soldats, en tout 1199 hommes (1). Mais de si grandes difficultés se rencontraient dans le travail que les entrepreneurs s'y ruinèrent pour l'achever. Nous ne savons à quelles conditions le duc du Maine avait consenti à la disparition du bel ornement de Clagny.

II. LE PRINCE DE DOMBES.

Le duc du Maine laissait deux fils dont l'aîné, Louis-Auguste, prince de Dombes (2), fut appelé à lui succéder dans la possession de Clagny. (16 mai 1736).

Ce prince a peu marqué dans l'histoire de son temps. Assidu auprès du Roi, mais restant sans se plaindre dans l'effacement le plus complet, il ne nous offre dans sa vie rien d'intéressant à relever. « Sages, polis, peu ambitieux, ne se mariant pas », tels les dépeint, lui et son frère, le comte d'Eu, un contemporain bien informé (3).

Le prince de Dombes n'était pas tellement absorbé

(1) Bibliothèque de la ville de Versailles, *manuscrit de Narbonne.*
(2) Il était né à Versailles, le 4 mars 1700.
(3) M⁰ d'Argenson, *Journal et mémoires*, t. I, p. 317.

par Versailles et par les grandes charges dont il avait
hérité à la mort de son père (1), qu'il ne s'occupât
au besoin de la terre de Clagny. C'est ainsi qu'il
s'opposa, en 1748, à la perception par le domaine
royal des droits seigneuriaux attachés à Clagny et
à Glatigny. De longs mémoires furent rédigés de part
et d'autre à ce propos (2). Le différend ne fut tranché
qu'en avril 1749 par un arrêt du Conseil rendu, le
29 de ce mois, en faveur du prince, et dans lequel
se trouvaient condamnées les prétentions du domaine (3).

Le prince de Dombes faisait voir, par cette manière
d'agir, qu'il ne laissait pas aisément usurper ses
droits. Un an auparavant, il avait montré qu'il n'é-
tait pas d'humeur à souffrir davantage une atteinte
à son honneur. Le comte de Coigny, l'un des favo-
ris de Louis XV, lui ayant dit au jeu du Roi : « un
enfant légitime ne serait pas mieux partagé que
vous ne l'êtes », le prince l'appela en duel et le
tua net. Le combat eut lieu sur la route de Versailles,
le 4 mars 1748, au matin, à l'endroit qui s'appelle

(1) Telles que celles de colonel général des Suisses et de gouverneur du Languedoc.
(2) Arch. Nat., O¹ 3925.
(3) Ibid.

aujourd'hui le *Point-du-jour* (1). On connaît la version
bizarre sous laquelle l'affaire se répandit à la cour.
M. de Coigny, disait-on, a été trouvé étranglé dans
sa chaise de poste par le cordon de la glace, ayant
versé la nuit sur la route de Paris à Versailles (2).

Bien qu'il en défendît au besoin les intérêts, le
prince de Dombes n'aimait guère Clagny. Il était
d'ailleurs dans la destinée de ce château de n'être
jamais habité. N'était-il pas trop près de Versailles et
trop loin du Roi à la fois, pour qu'il fût possible au
maître de cette belle demeure d'y fixer son séjour?
Aussi le prince aurait-il été disposé à échanger
Clagny contre quelque autre seigneurie ; mais sa mort
prévint une occasion qui ne se présentait pas encore. Il fut enlevé à Fontainebleau, le 1er octobre
1755 (3), par une attaque d'apoplexie, à l'âge de 55
ans. « Depuis un an, il était déjà mourant, dit le Mis
« d'Argenson (4), d'une défaillance totale de nature,

---

1) Les deux adversaires s'étaient donné rendez-vous au *point
du jour*, sur la route de Versailles ; et c'est à l'endroit où ils se
rencontrèrent, l'un venant de Versailles, l'autre de Paris, au jour
naissant, qu'eut lieu le duel. C'est en mémoire de cette rencontre,
nous dit un de nos plus aimables confrères, fort compétent pour
tout ce qui touche au XVIIIe siècle, que l'endroit fut appelé
depuis le « *Point du jour* ».

(2) Mis d'Argenson, *Journal et Mémoires*, t. IV, p. 215.

(3) *Mémoires du duc de Luynes*, t. XIV, p. 274.

(4) *Journal et mémoires* t X, p. 100.

« si bien qu'il était devenu furieux et imbécile.....
« Il avait usé ses forces à la chasse, à la table et
« avec des courtisanes. » Mais il ne s'était pas occupé
de politique ; aussi passait-il à la Cour pour le plus
sage des princes.

III. Le Comte d'Eu.

Le prince de Dombes n'avait d'autre héritier que
son frère. Louis-Charles, comte d'Eu (1), devint ainsi
seigneur de Clagny, le 1 octobre 1755.

Il ne succéda pas à son frère dans toutes ses
charges; mais les principales, le généralat des
Suisses et le gouvernement du Languedoc, lui furent
du moins accordées. Le comte, nous l'avons dit
déjà d'après le marquis d'Argenson, était comme
son frère, « sage, poli et peu ambitieux ». L'avocat
Barbier le peint de même. « M. le comte d'Eu,
« dit-il (octobre 1755), est un prince particulier
« qui aime la chasse et à bâtir ; qui partagera son
« temps à être à sa maison de Sceaux et au beau
« château d'Anet (2), et cela sans pompe, ni sans
« une cour convenable, faisant cependant sa cour
« exactement au Roi » (3).

(1) Né le 15 octobre 1701, mort le 13 juillet 1775, grand-maître de l'artillerie et gouverneur de la Guyenne.
(2) Chef-d'œuvre de Philibert de Lorme.
(3) *Journal*, t. VI. p. 211.

De pareilles dispositions n'étaient pas faites pour promettre à Clagny de beaux jours et de fréquentes visites, ni pour arrêter les pensées d'échange dont il était plus haut question. Aux premières ouvertures qui lui furent faites en 1766, le comte d'Eu se montra tout disposé à traiter.

IV. Cession de Clagny au Roi par le comte d'Eu.

Le contrat d'échange fut passé à Paris, le 19 juillet 1766, par-devant Mes Vanin et Davier, notaires.

Le comte d'Eu cédait au Roi le château de Clagny, bâtiments, cours et jardins, le manoir de Glatigny et toutes les terres environnantes, et ce à compter du 1er octobre 1766. Le Roi lui abandonnait en retour le comté de Limours (1), la baronnie de Longaulnay (2) et les domaines de Brie-Comte-Robert (3) et de Thiviers (4).

Dans cet échange, les seigneuries de Clagny et de Glatigny, qui nous intéressent seules, étaient estimées valoir 60,084 l. 16 s. 5 d. de revenu ou 1,444,040 l. 4 d. de capital. Les charges étant de 8,270 l. 15 s. de revenu ou de 174,143 l. 13 s. de capital, la valeur totale du domaine de Clagny était fixée à

(1) Départ. de Seine-et-Oise, arr. de Rambouillet.
(2) Départ. d'Ille-et-Vilaine, arr. de St-Malo.
(3) Départ. de Seine-et-Marne, arr. de Melun.
(4) Départ. de la Dordogne, arr. de Nontron.

1,269 896 l. 7 s. 4 d. (1). Si nous cherchons
quelle était dans cet ensemble la part du château,
nous voyons qu'on évaluait le « château de Clagny
« et ses dépendances (jardins, orangerie, potagers,
« basses-cours) à 650,000 l. en fonds et 32,500 l.
« en revenu au denier 20 ; les réparations à y
« faire à 84,100 l. 13 s. en fonds et 4,005 l.
« 7 d. en revenu, au dit denier ; et l'entretien an-
« nuel dudit château et bâtiment à 2,400 l. de
« revenu et en fonds à 48,000 l., au denier
« 20 (2) ».

Dans quel état se trouvait alors l'œuvre de Mansart ? on peut le deviner par ce qui précède. Inhabité depuis plus de quarante ans, le château de Clagny se dégradait de tous côtés ; et le manque d'entretien rendait, chaque année, plus urgentes les
réparations à faire. Il aurait été fort difficile de le
remettre en état sans des dépenses très-considérables.
On se demandait même s'il serait jamais possible d'y
pratiquer des logements commodes pour des personnes de la famille royale. Le long abandon dans
lequel était restée cette résidence l'avait laissé en-

(1). Arch. Départ. de Seine-et-Oise, A. 72. V. aussi Arch Nat.,
O¹ᵗ3925. et P. 2266-2274.

(2) Remarquons la somme importante à laquelle se montaient
déjà les réparations à faire.

vahir par l'humidité (1). Aussi n'était-t-elle rachetée par le Roi que pour disparaître dans un avenir très-prochain.

On s'en prit d'abord aux cours et aux jardins.

Le 16 février 1767, Louis XV en détachait onze arpents qu'il donnait à la Reine pour l'établissement du couvent qu'elle voulait faire bâtir à Versailles. Voici dans quelles conditions :

Marie-Leckzincka avait fait venir à Compiègne les chanoinesses régulières de St-Augustin, établies par l'abbé Clément (2) en Lorraine. Mais Compiègne était encore loin de Versailles ; et la pieuse fille de Stanislas sentait le besoin de rapprocher d'elle la communauté. L'architecte de son père, le sieur Mique, fut chargé de dresser le plan du futur couvent (3).

(1) Cette humidité naturelle du sol se fait encore sentir dans les parties du quartier qui n'ont pas reçu de remblais ou de drainages.

(2) Aumônier du feu roi Stanislas, confesseur de la Reine.

(3) Richard Mique, premier architecte de la Reine, chevalier des ordres du Roi, intendant et contrôleur général des bâtiments et jardins du Roi. Voici comment il est désigné dans le jugement qui le condamna à mort le 19 Messidor an II : « Richard Mique, « avant la Révolution, l'un des trois intendants de la liste civile, « premier architecte du tyran de Pologne qui l'a anobli pour ré-« compense de ses services » (Arch. Nat. W. 409, No 941). Richard et son fils Simon furent condamnés à mort et exécutés le même jour. Leurs papiers sont conservés aux Archives nationales (T. 630).

Dès le 8 octobre 1766 (1), la reine le mandait à Versailles pour choisir un emplacement convenable. Il fut un instant question d'installer la communauté dans le bois de Satory, avec vue et issue sur la pièce d'eau des Suisses. Puis on parla d'une maison à vendre qui se trouvait rue Royale, « joignant le grand champ (2) qui est vis-à-vis, qui « n'est ni bâti, ni donné » Mais le roi disposa peu après de ce champ (3). D'autres terrains, mieux situés peut-être, étaient encore en vue ; mais le crédit de la malheureuse épouse de Louis XV n'était pas assez grand pour les obtenir. Elle fut heureuse de se rejeter sur Clagny, dès que le comte d'Eu eut cédé cette terre au Roi.

Le bon royal du 16 février, que nous donnons ici, mettra sous les yeux du lecteur les détails de l'affaire, et lui montrera le triste effacement où vivai la Reine à la Cour.

16 Février 1767.

« La Reine n'ayant pas pu réussir pour sa Com-
« munauté aux terrains du Grand-Maître (4), de

(1) Arch. Nat., *papiers Mique*, t. 630.
(2) De là vient évidemment le nom du couvent actue
(3) *Papiers Mique.*
(4) Terrains avoisinant l'hôtel du Grand Maître de France, aujourd'hui hôtel de la Mairie de Versailles.

« l'hôtel de Limoges (1), du Camp des Fainéants (2),
« et le quarré d'asperges (3) se trouvant difficile
« à remplacer, Sa Majesté a fait demander à M. le
« Contrôlleur général de faire l'acquisition de quel-
« ques maisons près du terrain du Comte de Noail-
« les (4), mais ce ministre n'a pas jugé à propos de
« dépenser 80 mille francs pour cet objet.

　　« La Reine a donc pris son parti et demande à
« Votre Majesté le terrain à Clagny dont le plan est
« ci-joint. Votre Majesté permet-elle au Comte de
« Noailles de demander à M. le Comte de St-Flo-
« rentin (5) un arrêt du Conseil et des lettres-pa-
« tentes pour finir au plutôt cet arrangement ?

　　« Approuvé » (écrit de la main du Roi.)

　　Le Comte de Noailles envoya, le lendemain, de
Marly, le bon du roi au Comte de St-Florentin. Il le

---

　　(1) Espèce de faubourg situé entre les avenues de Paris et de
Sceaux (Le Roi, t. I. p. 4), au coin de l'avenue du Parc-aux-
Cerfs et de la place servant d'entrée à l'hôtel (Arch. Nat., N⁴.
Seine-et-Oise 38.) La rue des chantiers fut établie plus tard, dans
le voisinage de l'hôtel.

　　(2) Le Camp des Fainéants se trouvait entre l'hôtel de Limoges,
l'avenue de Sceaux, le chemin de Versailles à Sceaux et le nouveau Chenil (V. le plan de Versailles par l'abbé Delagrive, 1746).

　　(3) Nous n'avons pu découvrir l'emplacement de ce terrain.

　　(4) Le Comte de Noailles était gouverneur survivancier et ad-
joint de Versailles, Marly et dépendances.

　　(5) M. le Comte de St-Florentin était ministre de la Maison
du Roi.

priait de faire expédier le plus rapidement possible les lettres-patentes. Le Roi est, disait-il, « excédé » de tous les retards éprouvés jusque-là par l'affaire.

Le plan du terrain (1), dressé par Mique, comprenait onze arpents (2) : deux arpents sis entre l'avenue de St-Cloud, les jardins de Clagny, le Cul-de-Sac et l'ancienne orangerie ; neuf autres contigus, faisant partie des chemins de Clagny.

Suivant l'estimable auteur de l'*Histoire des rues de Versailles*, c'est à la dauphine Marie-Josèphe que le Comte d'Eu aurait cédé Clagny par échange (3). La mort de cette princesse, ajoute-t-il, arrivée en 1767, alors que la Reine s'occupait d'établir à Versailles des chanoinesses régulières de St-Augustin, aurait permis au Roi de donner cette partie du domaine de Clagny pour la construction du couvent (4).

Un mot suffira pour réfuter cette assertion : la dauphine ne mourut que le 13 mars 1767 (5), et de-

---

(1) Arch. Nat., N 3 *Seine-et-Oise* 400 et O¹ 1859.

(2) A la perche de 22 pieds.

(3) Le Roi, *Histoire des rues de Versailles*, t. I, p. 338.

(4) Le Roi, *Histoire des rues de Versailles*, p. 338-339.

(5) Voir la *Gazette de France* du Lundi 16 mars 1767. Marie-Josèphe de Saxe était née à Dresde, le 4 novembre 1731. Elle avait épousé, le 9 février, 1747 Louis, dauphin de France, mort le 20 décembre 1765. Elle fut enterrée à Sens.

puis le 16 février, le terrain sis à Clagny appartenait
à la Reine (1). Il ne se trouve rien, en somme,
dans les documents originaux qui autorise à mêler la
dauphine Marie-Josèphe à l'histoire de Clagny (2).

La donation de 11 arpents de terre avait entraîné
le premier démembrement du domaine de Clagny. Les
réparations indispensables à faire au château moti-
vèrent, au même moment, une mesure tout aussi
funeste. Le 1er mars (1767), un arrêt du Conseil ordonna la vente de 10 arpents de bois, pour le produit en être employé aux travaux les plus pressants.
Un terrain de cinq arpents sur « lequel sont plantés
« deux bosquets qui terminent les jardins contigus »
au château de Clagny, « du côté du Midy ayant
« été cédé à la Reine pour y faire bâtir un couvent
« de religieuses, les bois qui forment ces bosquets
« doivent être arrachés. » Cinq autres arpents de
futaie en deux parties en face du château, ajoute
l'acte, ne pouvant plus profiter, sont aussi à arra-
cher (3).

Ces bois, vendus par adjudication, furent adjugés
le 20 mars 1767 au sieur Crosnier, marchand de
bois à Versailles, et produisirent 28,816 l. 13 s. 4 d.

(1) Voir plus haut le bon royal du 16 février 1767.
(2) M. Le Roi n'appuie d'ailleurs d'aucune note son assertion.
(3) Arch. Nat., O¹. 3925.

dont l'emploi fut réglé par le comte de Noailles, gouverneur et intendant du domaine de Versailles, et par l'architecte Lécuyer (1).

Les constructions du couvent avançaient rapidement de leur côté. Le 22 mars 1767, des matériaux tout préparés étaient donnés par bon du Roi (2) à la Reine. Ils provenaient des fondations faites pour l'hôpital projeté (3) par le défunt Dauphin, dans le voisinage du pré de Clagny, et abandonné à sa mort (1765). L'arrêt du Conseil et les lettres patentes « qui avaient été rendus lors de ce projet » étant devenus inutiles faute d'exécution (4), le roi était rentré en possession du terrain et des matériaux. La Reine en profita. Elle n'épargnait rien, d'ailleurs, pour activer les travaux ; et consacrait à son couvent tous les fonds dont elle pouvait disposer. Les murs étaient déjà à hauteur d'appui quand elle mourut, en 1768. Ce triste évènement n'arrêta pas les travaux. Marie Leczinska avait laissé, par testament (5), des fonds à l'effet de les continuer. Ses trois filles prirent à cœur

(1) La somme fut affectée aux réparations les plus urgentes (O¹* 3925.)

(2) Arch. Nat., *papiers Mique*, t. 630.

(3) Aucun auteur, à notre connaissance, n'a jamais parlé de cet hôpital.

(4) V. Lettre du sᵣ Hennin du 22 mars 1767 (Papiers Mique).

(5) Le testament était du 24 juin 1767. V. Théry, *Origines du Collège Royal de Versailles*. Versailles, 1839, br. in-8°.

de poursuivre l'œuvre de leur pieuse mère ; et ce concours de bonnes volontés pressa fort l'achèvement du couvent.

Un nouveau quartier s'élevait, pendant ce temps, autour de la future demeure des Dames de St-Augustin. Les terrains environnants étaient, en effet, donnés par le Roi à divers particuliers qui s'occupaient peu à peu d'y bâtir. Une double servitude était établie sur ces constructions au profit du couvent. Elles ne devaient pas s'élever plus haut que les murs de la communauté, et ne pouvaient ouvrir sur elle aucun jour. Les concessions de terrains étaient faites sous la seule charge d'une redevance de 10 l. de cens par arpent à payer au Domaine (1).

Encouragées par ces précédents, diverses personnes demandaient des terrains sis dans d'autres parties du domaine. Dès 1767, 4 arpents et demi de terre étaient donnés, par exemple, en usufruit à la duchesse de Caumont et en nu-propriété au comte de Noailles, sur l'emplacement de la ménagerie de Clagny (2).

Ses dépendances étant ainsi détruites et ses futaies arrachées, le château ne devait pas tarder à dispa-

(1) Arch. Nat. q¹ 1503.
(2) Arch. Nat., O¹ 1859 ; et N⁴ Seine-et-Oise 38.

raître lui-même. Le 12 avril 1769, sa démolition
fut résolue.

5. Démolition du chateau de Clagny.

Voici le texte de l'arrêt du Conseil, rendu à Versailles le 12 avril 1769 (1), qui ordonna la destruc-
tion de l'œuvre de Mansart. Nous avons tiré plus
haut de ce curieux document quelques détails sur l'état
du château à la fin du règne de Louis XV; mais
nous n'en croyons pas moins utile de le donner ici
en entier.

« Le Roy étant informé que le château de Clagny,
« faisant partie des terres de Clagny et Glatigny réu-
« nies à son domaine de Versailles par l'acquisition
« qu'elle (2) en a faitte de M. le comte d'Eu à titre
« d'échange, est resté inhabité depuis plus de qua-
« rante années; que le deffaut d'entretien y a occa-
« sionné des dégradations qui ne pourroient être ré-
« tablies sans des dépenses très-considérables; qu'il
« seroit même difficile de pratiquer des logements
« commodes pour des personnes de la famille royale;
« et que la situation aquatique de ce château ne
« permettroit jamais d'en rendre l'habitation saine et

(1) Arch. Nat. E. 2450, n° 104.
(2) Le mot *elle* fait voir que le rédacteur de l'arrêt avait cru
mettre au début de l'acte : *Sa Majesté* étant informée, etc.

7

« agréable, Sa Majesté auroit jugé d'autant plus
« avantageux de le faire démolir que l'emplace-
« ment qu'il occupe, ainsi que celui des cours et
« jardins qui en dépendent, étant contigu au parc de
« Clagny peut facilement y être joint, et qu'étant
« planté en bois, cela produiroit une augmentation
« de revenu ; Sa Majesté s'y seroit même déterminé
« d'autant plus volontiers qu'elle auroit en mesme
« temps destiné le prix provenant de la démolition
« à acquitter différents objets que la diminution du
« produit ordinaire du domaine de Versailles, occa-
« sionnée par les mauvaises récoltes des dernières
« années, auroit obligé de laisser arriérer ; et vou-
« lant en conséquence Sa Majesté qu'il soit inces-
« samment procédé à la démolition de ce château et
« à la vente des matériaux qui en proviendront ; ouï
« le rapport du sieur Maynon d'Invau, conseiller
« ordinaire au Conseil royal, Contrôleur général
« des finances, le Roi, étant en son Conseil, a or-
« donné et ordonne que, par les officiers du bailliage
« de Versailles, il sera incessamment procédé à la
« vente et adjudication au plus offrant et dernier
« enchérisseur, en la manière accoutumée, après
« trois publications, des matériaux qui proviendront
« de la démolition du château de Clagny, aux
« charges, clauses et conditions portées dans le ca-
« hier des charges, qui sera à cet effet arrêté par les

« dits officiers et déposé au greffe dudit bailliage,
« pour le prix de ladite adjudication être remis ès
« mains du sieur Poulain de Vaujoye, receveur gé-
« néral du domaine de Versailles, Marly et dépen-
« dences, dans les temps portés au dit cahier et le
« montant d'icelui être par ledit sieur de Vaujoye
« compté au proffit de Sa Majesté, ainsi que des au-
« tres deniers de sa recette ».

(Signé, à l'original)

De Maupeou.

, Maynon. »

Le 30 juin suivant, conformément aux dispositions de l'arrêt, il était fait adjudication des matériaux à provenir de la démolition de Clagny au
sieur Barnabé Houet, marchand à Versailles, moyennant 590,500 l.

L'adjudicataire avait été bien imprudent en s'en-
gageant à payer une somme pareille. Il ne tarda pas
à s'en apercevoir et demanda la permission de se
désister de son offre. L'administration ne le lui
refusa pas, reconnaissant elle-même que le prix était
trop considérable « excédant de près d'un tiers la
« valeur des matériaux. » Une nouvelle adjudication
aurait été rigoureusement nécessaire ; mais un autre
acquéreur, dont les offres paraissaient sérieuses, se
présentant à la place du sieur Houet, on aima mieux

l'accepter que de s'exposer à une seconde décon-
venue (1).

Le nouvel adjudicataire était l'architecte François
Delondre. Il fournit son cautionnement le 13 juillet (2) et obtint, le 7 août suivant, un arrêt (3) lui
adjugeant, au lieu et place du sieur Houet, l'entreprise de la démolition de Clagny. François Delondre
s'engageait à payer, de six mois en six mois, en
quatre termes égaux (4), une somme de 400,000 l.,
et devait, en quatre ans, faire disparaître complètement tout vestige du château (5).

Pour répondre à ses engagements, Delondre passa
plusieurs contrats de vente avec divers particuliers,
pour telle ou telle partie des matériaux. Nous n'en
citerons qu'un, celui qu'il conclut le 15 novembre
1769 avec le fontainier-plombier Lucas, de Versailles (6).

(1) La nouvelle adjudication aurait d'ailleurs été ruineuse pour
le sieur Houet.
(2) Arch. dép. de Seine-et-Oise, A 72.
(3) Arch. nat. E 2451.
(4) Le 1er janvier et le premier juillet 1770, et le 1er janvier
et le 1er juillet 1771.
(5) Le 27 août 1769 un contrat relatif à l'exécution de l'arrêt
fut passé par devant Me Dondey, notaire à Paris, entre le sieur
Delondre et le comte de Noailles. (Arch. dép. de Seine-et-Oise,
A 72).
(6) Arch. dép. de Seine-et-Oise, A 72.

Delondre lui vendait tous les plombs (avec leurs soudures) à provenir du château, et s'engageait à fournir 3oo milliers de plomb avant le 1ᵉʳ janvier 1770. Lucas devait les enlever à ses frais et les payer moyennant 25 l. du cent pesant et 4 o/o en plus, soit une somme de 75,000 l. à valoir sur ce que Delondre devait au Domaine. Le reste des plombs se paierait suivant la proportion qui vient d'être indiquée.

Ainsi disparut Clagny, avant la fin du règne de Louis XV, en vertu des arrêts du 12 avril et du 7 août 1769 que nous venons de citer. Un auteur n'a pas craint de mettre la démolition de cette belle résidence sur le compte de la Révolution. « Ce chef-« d'œuvre de l'art, dit-il, après une courte descrip-« tion du château, n'a pas été respecté par la Révo-« tion ; il n'en existe plus trace maintenant (2). »

Cet auteur, ancien archiviste de la Couronne, a connu pourtant, ou a pu connaître, la plupart des titres de Clagny. Il a eu certainement sous les yeux les comptes de dépenses du château. Il ne s'en est pas moins complètement trompé, on le voit, en imputant à la Révolution un fait antérieur de vingt ans à 1789, et c'était un devoir pour nous de faire justice d'une accusation aussi mal fondée.

(2) Ossude, *Le siècle des beaux-arts et de la gloire, ou la mémoire de Louis XIV justifiée*, (Versailles, 1838, in-8°) p. 247-248.

IV

CLAGNY
DEPUIS LA DÉMOLITION DU CHATEAU JUSQU'A NOS JOURS (1769-1879).

A démolition du château accéléra encore le démembrement du domaine de Clagny. Rien ne s'opposa plus au morcellement du sol entre tous ceux qui voulaient bâtir dans le voisinage dn nouveau couvent (1).

(1) Le couvent fut achevé en 1772 ; et les religieuses y entrèrent le 30 septembre (Théry, *origines du Collège royal de Versailles*, br. in-8°). Louis XV lui constitua un revenu de 40.000 l. par lettres patentes de décembre 1772 (*ibid*), réunissant à son domaine, en échange du terrain donné à Clagny, celui qu'occupaient les religieuses à Compiègne. Le couvent des dames chanoinesses régulières de St-Augustin avait coûté 149,842 l, 17 s. 1 d.

Un état de visite du couvent, dressé le 14 janvier 1786, constate qu'il s'y trouvait déjà des réparations à faire pour la somme de 65,289 l. 13 s. 1 d. (arch. nat. O¹ 1859).

Le 12 vendémiaire an XII, le lycée de Versailles fut créé ; et on lui affecta le ci-devant couvent.

On accordait facilement les terrains. Il suffisait, en
général, de présenter au Roi un plan désignant
l'emplacement désiré qu'un bon autorisait bientôt
à occuper. On devait l'enclore et n'y bâtir que
sur les alignements prescrits. L'autorisation royale
s'exprimait le plus souvent par le simple mot *bon*
mis en travers du plan du terrain demandé. C'est
surtout vers 1772 que ces concessions sont fréquentes.
Nous pourrions, avec celles qui nous ont passé sous les
yeux, reconstituer pour ainsi dire, année par année,
l'état successif de l'ancien domaine de Clagny, de
la fin de Louis XV à la Révolution (1). Mais
un semblable travail nous entraînerait trop loin et
n'aurait guère d'intérêt pour le lecteur. Nous nous
contenterons donc de résumer les diverses vicissi-
tudes par lesquelles passa tour à tour le nouveau
quartier.

L'un des premiers changements fut amené par
l'ouverture du boulevard de la Reine en octobre
1773. Un arrêt, rendu le 22 de ce mois (2), ordonna
que sur les 46 arpents et demi formant le pré de
Clagny (3), on prendrait de quoi faire un nouveau

(1) V. Arch. nat., *N⁴ Seine-et-Oise* 38 et aussi le carton
Q 1 1503.

(2) Arch. dép. de Seine-et-Oise. A. 72.

(3) Le pré de Clagny occupait l'emplacement de l'ancien
étang. On résilia, en conséquence, le bail du pré. Il était alors
oué 2,100 l. par an (arch. de Seine-et-Oise, A 72).

chemin tracé en face de la rue des Réservoirs et aussi
de quoi établir le boulevard « qui doit être pratiqué
« depuis le chemin de la Chaussée jusqu'à l'avenue
« de Saint-Cloud, en suivant les murs de clostures
« des maisons et jardins de la rue Neuve, en traver-
« sant une partie de l'ancien parc de Clagny (1). »

Pendant la plus grande partie de l'année, l'eau
qui alimentait jadis l'étang de Clagny restait, en
beaucoup d'endroits, à la surface du sol affaissé.
Elle y entretenait une humidité continuelle. Le
nouveau boulevard apporta un utile remède à
l'insalubrité du quartier (2). Le Jardin des Dames
Ursulines limitait, à l'endroit des anciens jardins de
Clagny, l'un des côtés de la nouvelle avenue. Quant
à l'autre côté, il avait été distribué dès 1772 à divers
particuliers (3) qui s'empressèrent d'y faire bâtir. Un

(1) C'est le boulevard de la Reine.

(2) Il détermina la construction de plusieurs maisons sur des
terrains qui furent surhaussés, à cet effet.

(3) Voici la liste exacte des concessions de terrains qui furent
faites, vers 1772, sur le boulevard de la Reine, à gauche, en par-
tant de la rue Ste-Elisabeth, (aujourd'hui Duplessis) et en allant
vers l'avenue de Picardie. (Arch. nat. N^4 Seine-et-Oise, 38).

1° Au sieur Lechevin de Précour, 45 perches (à 30 toises par
perche).

2° Au sieur De la Roche, 40 perches.

3° Au sieur François Delondre, 50 perches (terrain accordé au
démolisseur de Clagny).

4° Au sieur Joseph Le Bourgeois, 28 perches.

plan de Versailles, dressé en 1775 (1), mentionne
déjà ces constructions. Le même plan signale encore
un reste des anciens jardins de Clagny, dans la
partie autrefois comprise entre le château et l'étang ;
mais, à l'endroit même où se trouvaient le château et
ses dépendances, il n'y a plus, à cette date, que des
terres et des prés. Si l'architecte Delondre avait
ainsi rempli son engagement de démolir complètement Clagny, il paraît qu'il s'était moins bien acquitté
des paiements à faire au domaine ; témoin la pièce

5° Au sieur Pierre-Martin Dessoha, 28 perches 7 pieds.
    (Ici fut réservé le passage du chemin du Parc de Clagny, au-
    jourd'hui rue du parc de Clagny).

6° Au sieur Louis Chaperon, 28 perches. (C'est sur cet emplacement que fut bâtie en 1783 la maison qui porte le n° 113 du
Boulevard de la Reine. (Le Roi, t. I, p. 325.)

7° Au sieur Pierre Richer, 28 perches.

8° Au sieur Michel Delorme, 25 perches.

9° Aux sieurs Charles Theroude et Victor Peradon, 52 perches.

10° Aux sieurs Eustache-Joseph Lepan et Pierre Genest, 70 perches.

11° Au sieur Aufldiener, 15 perches.

12° Au sieur Michaut, 15 perches.

13° Au sieur Robert, 50 perches.

. Le terrain du sieur Robert atteignait l'avenue de Picardie.

Tous ces terrains étaient compris entre le mur projeté du parc
de Clagny et le boulevard, sur lequel chaque propriétaire avait
ainsi le droit de bâtir en façade.

(1) Ce plan est conservé à la Bibliothèque de la Ville de Versailles.

suivante, curieux spécimen des bons de terrains accordés par le Roi.

5 Septembre 1772 (1).

« Le sieur François de Londres (sic), qui a l'ad-
« judication des matériaux de Clagny, ne paie pas
« bien. Le Cte de Noailles propose à Votre Majesté
« de lui donner le terrein dont le plan est cy-joint,
« espérant qu'il y fera bâtir une maison sur laquelle
« on aura toujours recours. Ce terrein est de 50
« arpents tenant d'un côté au sieur de la Roche et
« de l'autre à un terrein vague sur lequel il y a en-
« core des matériaux de l'ancien château de Clagny.
« Votre Majesté veut-elle bien le lui accorder, à la
« charge de payer 10 l. par arpent de cens et rente
« au Domaine de Versailles et permettre au Cte de
« Noailles d'en demander le brevet à M. le Duc de
« la Vrillière. »

« bon » (signé de la main du Roi.)

On cherchait ainsi par tous les moyens à faire bâtir le nouveau quartier établi sur les ruines de Clagny.

Il se fit dans les premières années du règne de Louis XVI un heureux et important changement dans les prés de Clagny. Le Cte d'Angivilliers, directeur des bâtiments du Roi, y fit bâtir, d'après les plans de l'ingénieur Lebrun, un quartier composé de

(1) Arch. Nat., Q^1 1503.

18 rues et traversé par les boulevards du Roi et de la Reine.

En 1779, l'avenue de Picardie fut percée (1). Ce fut jusqu'à la Révolution le dernier embellissement apporté à la région de Clagny (2).

Dans la partie conservée au Domaine, on créa des réserves de gibier. « Le roi Louis XVI y chassait « souvent (3) ». Un garde général des chasses et bois résidait à Glatigny, ayant à Clagny un garde chargé sous ses ordres de la surveillance spéciale du gibier (4). Tout n'était pas en bois, dans l'ancien parc de Clagny. Il s'y trouvait aussi beaucoup de terres labourables, et notamment 5o arpents, aux environs et sur l'emplacement même de l'ancien château.

La chute de l'ancien régime n'amena pas immédiatement de grands changements dans le parc de Clagny. La carte du *district de Versailles divisé en*

(1) Le Roi, *Hⁱᵉ des rues de Versailles*, t. II. p. 439.

(2) Les plans de Versailles en témoignent qui ont été dressés de 1780 à 1790. V. notamment le plan dressé en 1783 par M. Constant de la Motte (Arch. Nat., N³ *Seine-et-Oise* 563) et celui, fait après 1783, qui est conservé, aux Arch. Nat., sous la cote N³ *Seine-et-Oise* 61.

(3) *Almanach de Versailles* pour 1875, p. 107 (article de M. Gauthier).

(4) Le garde général résidant à Glatigny était le sieur Soudé père. Le garde de Clagny était le sieur Soudé fils. Ils figurent, le 16 décembre 1792, sur l'état des gardes des chasses et bois de la régie des domaines de Versailles, Marly, Trianon et dépendances (papiers de M. Gauthier).

huit cantons, qui est conservée à la bibliothèque de cette ville, ne le représente guère autrement en 1790 qu'il n'était quelques années avant. Mais, deux ans après, un fait considérable se produisit : l'adjudication du domaine, comme bien national, à divers particuliers, premiers auteurs et ayants-cause des propriétaires actuels du quartier de Clagny.

Le 7 Ventôse an II (25 février 1794), le citoyen Jacques Massé fut déclaré adjudicataire, au prix de 60.000 fr., de 20 arpents ou environ sis dans le parc de Clagny, à peu près à l'endroit compris aujourd'hui entre la rue Duplessis, le boulevard de la Reine, la rue du parc de Clagny et l'avenue de Villeneuve l'Etang.

Le 20 floréal an II (9 mai 1794), adjudication fut faite au citoyen Pierre Josse de la ferme intérieure de Clagny et de 204 arpents composant le reste du parc de Clagny.

Le mois précédent (21 ventôse an II), l'estimation du parc de Clagny avait été faite. Elle avait donné un total de 205 arpents 25 perches évalués 262,155 livres, se décomposant ainsi :

Prés...............	28 arpents.	
Bois...............	40 —	
Terres et Friches...	132 —	50 perches.
Étangs...........	3 —	50 —
Bâtiments........	1 —	25 —
Total........	205 arpents 25 perches.	

La ferme se composait d'une cave, d'un rez-de-chaussée et d'un premier étage formant le principal corps-de-logis ; à la suite était une grande porte cochère ouvrant de la cour sur le parc, puis deux granges, ayant chacune 6 travées.

Le citoyen Josse n'ayant pu payer les 262,155 livres au prix desquelles lui avait été adjugé Clagny, on décida de faire une nouvelle adjudication. Mais Josse obtint par faveur, avant l'adjudication, de procéder lui-même à la vente, à charge de verser au Trésor les deniers à en provenir. Le 14 ventôse an III (4 mars 1795) (1), Clagny fut ainsi vendu au citoyen Béchet, qui le divisa en 33 lots et s'occupa de suite de le revendre. Quant à Glatigny, le citoyen Fleury en était devenu acquéreur en l'an II et ne songeait nullement à le morceler. Cette partie du domaine de Mme de Montespan conserva donc son ancienne physionomie.

Les choses restèrent à peu près en cet état jusqu'en 1857, le parc de Clagny ne communiquant avec la ville que par une porte établie à la jonction de la rue du Parc-de-Clagny et du boulevard de la Reine (2). A cette date, la transformation du parc fut en-

---

(1) Josse avait pour représentant le nommé Macqueray et Béchet le nommé Ferré.

(2) Il se trouvait là un commis de l'octroi.

treprise. Il se composait alors de 52 hectares de
terres arables, y compris un bois de quelques ares,
possédés par 12 ou 13 propriétaires et limités : au
sud par le chemin de fer de la rive droite, au nord
par le mur du parc de Glatigny, à l'est par le bois des
Fausses-Reposes et à l'ouest par les murs de plusieurs propriétés, jardins et marais ayant leur entrée
sur la rue Duplessis ou sur la rue de Béthune.

Un ancien magistrat, habitant Versailles, dont le
nom mérite de rester attaché à l'histoire de cette
ville, M. Gauthier (1), comprit de quelle ressource
pouvait être l'ouverture d'un nouveau quartier dans
une situation aussi favorable. Confiant dans l'avenir,
il ne craignit pas de se rendre acquéreur de la ma-
jeure partie de l'ancien parc et d'y provoquer le
percement d'avenues et de rues. En 1858, l'avenue
de Villeneuve-l'Etang fut livrée à la circulation jusqu'à la rue du parc de Clagny.

En 1864, M. Gauthier, substitué à la ville, devint
acquéreur de 18 hectares occupés par le bois des
Fausses-Reposes. L'avenue de Villeneuve-l'Etang
fut continuée, à travers le bois, jusqu'à la route dé-
partementale de Versailles à Vaucresson ; et un

(1) Qu'il nous soit permis d'exprimer publiquement notre
gratitude à M. Gauthier pour la parfaite obligeance avec laquelle
il nous a communiqué les intéressants documents qu'il possède
sur Clagny.

pavillon d'octroi fut établi au point de jonction des
deux voies. (1).

Pendant que s'exécutaient ces travaux, de nombreuses maisons d'agrément peuplaient rapidement
le nouveau quartier. Une chapelle s'y construisait,
charmant édifice « dans le genre italien (2) », qui
fut consacrée le 11 septembre 1866.

En 1857, il n'y avait dans le parc de Clagny que
cinq habitations de nourrisseurs et de cultivateurs,
une petite maison bourgeoise et l'usine à gaz de
Versailles. Les 52 hectares de Clagny payaient à
l'Etat 500 fr. d'impôt.

Depuis 1874, 143 maisons de maître, entourées
de jardins, y ont été élevées. Elles payent environ
25,000 fr. d'impôt foncier (3), sans compter les
autres contributions.

De pareils chiffres disent beaucoup en peu de
lignes ; et c'est avec un juste orgueil que M. Gauthier, le véritable créateur du quartier actuel, les cite
dans la courte notice qu'il lui a consacrée. (4).

L'ancien domaine de Clagny s'est ainsi trans-

---

(1) Tous ces détails sont empruntés à l'article de l'*almanach de
Versailles pour* 1875 et aux papiers de M. Gauthier.

(2) Le Roi, *H^re des rues de Versailles*, T. I. p. 11.

(3) *Almanach de Versailles pour* 1875.

(4) *Ibid.*

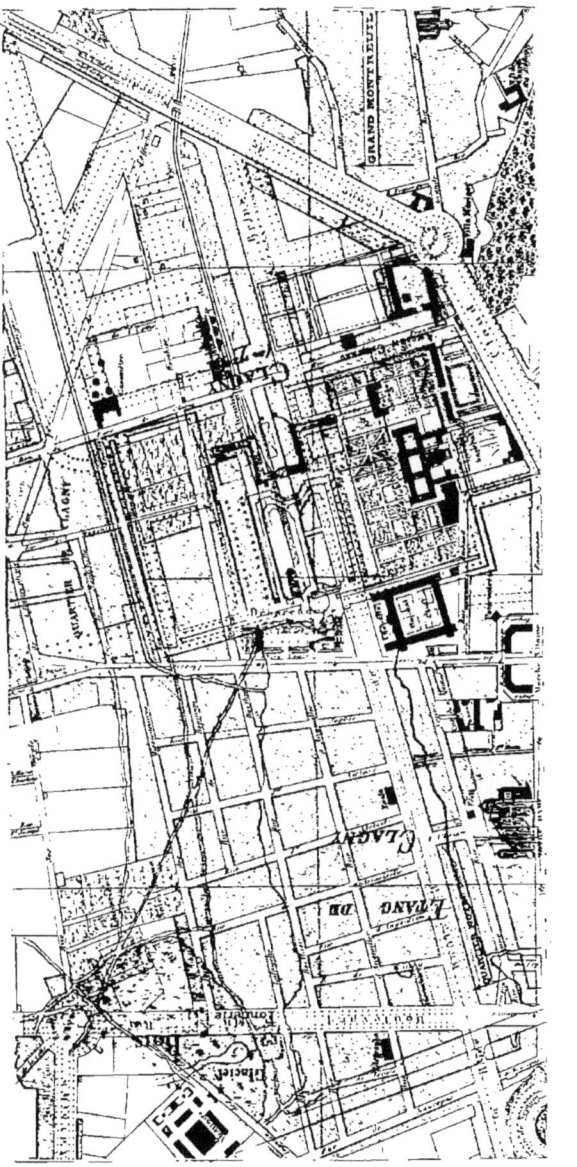

L'ANCIEN DOMAINE DE CLAGNY

et les Quartiers actuels de Notre Dame, de Clagny et de Montreuil.

(Plan comparatif).

formé en un élégant quartier dont rien ne rappelle les lointaines origines.

Le promeneur qui le parcourt ne se doute guère de tous les souvenirs qui s'y rattachent. C'est pour lui que nous avons cherché à les résumer ici : heureux s'il pouvait, en lisant ces pages, y trouver quelque intérêt (1).

(1) La planche ci-jointe donne à la fois le plan du quartier actuel de Clagny et celui de l'ancienne résidence de Mme de Montespan. (V. sur ce double plan, aux *Pièces Justificatives*, la note qui le concerne).

Nous avons inséré, au cours de cette étude, deux vues du château de Clagny, au moyen âge et au XVIIIe siècle.

PIÈCES JUSTIFICATIVES

I

Bail a loyer de la terre de Clagny a Charles Maillart, laboureur a Viroflay

24 Avril 1531.

Charlot Maillart, laboureur demourant à Virofflay, confesse avoir prins et retenu à tiltre de ferme et moison de grain de noble homme et saige maistre Pierre Lescot, conseiller et procureur général du Roy nostre sire sur le faict de la justice des aides à Paris, et seigneur de Lissy, du jour Sainct-Martin d'iver prochainement venant jusques à neuf ans prochains après ensuyvans finis et acompliz :

L'ostel, granches, estables, jardin, coulombier, pasturaiges, appellé l'ostel de Claigny assis ou Val de Gallye, avecques la quantité de deux cens arpens de terre et prez estans des appartenances dudict hostel, et tout ce que tient à présent Claude Bergues à tiltre de ferme dudict seigneur de Lissy ; dont de la mesure, quantité, scituation et plus ample déclaration ledict preneur se tient contant.

Et est assavoir que oudict bail n'est comprins le
bail de la tour dudict hostel, et deux chambres au
premier et second estaige d'icelle tour, ne l'estang,
boys et garennes dudict hostel que ledict seigneur de
Lissy a reservez à luy.

Ces bail et prinse fais, à la reservation dessus-
dicte et oultre, moyennant et parmy la quantité de
sept muys de grain les deux pars blé et le tiers avoine,
mesure de Paris, et rendus à Paris en l'ostel et greniers dudict bailleur ; ung pourceau gras à choisir au
trouppeau dudict preneur ou cinquente-six solz parisis pour ledict pourceau, au choix dudict bailleur ;
six cens boteaulx de foing de care (1) du creu des
prez de la dicte ferme ; six poulles et six douzaines
de pijons ; que, de ferme et loyer, pour et par chacune desdictes neuf années, ledict preneur en sera
tenu, promect et gaige bailler, paier et livrer audict
seigneur de Lissy, ou au porteur, en son hostel à
Paris : ledict grain en ses greniers au jour et feste
Saint-Martin d'iver ; le dict foing en la saison de
l'aoust ; et les pijons par les vollées et saisons ; et
ledict (*sic*) pourceau et poulles au jour de Noël ;

Premier payement eschéant : dudict grain au jour
Saint-Martin d'iver V^c trente-deux ; dudict foing,
pourceau, pijons et poulles ès jour et saisons dessus

(1) Bottes d'environ 10 livres pesant.

dicts en la dicte année, tel que dessus, avecques les dicts foing, pourceau, pijons et poulles; et continuer de là en avant par chacun an plaine moison.

Et si a esté dit et accordé que ledict bailleur aura la moictié des fruictz francs et noix qui croisteront ès arbres des jardins et terres de la dicte ferme par chacun an ; lesquelz ledict preneur sera tenu cueillir et amener en ceste ville de Paris ;

Aussi que le dict preneur sera tenu livrer audict seigneur bailleur ou a ses gens foing, avoine et paille quant il ou sesdicts gens yront audict lieu à chacun voyage par deux ou troys jours, troys ou quatre fois l'an ;

Pareillement, à la charge de paier les cens d'aucunes porcions de terres et prez qui sont tenus en censive du Prieur de Versailles et du Seigneur de Glatigny.

Pareillement, entretenir ledict jardin et les hayes d'icellui en bon et suffisant estat ; labourer les dictes terres bien et deuement par saisons, sans dessaisonner ; convertir les feurres (1) en fiens (2) et en fumer les dictes terres près et loing et tenir les prez nectz et en bonne faulche ;

Et le tout rendre en la fin du temps en bon estat ;

(1) Pailles.
(2) Fumier.

et si ne pourra ledict preneur bailler son marché à autre en tout ne en partye, sans le gré, voulloir et consentement dudict bailleur; et s'il faict le contraire, et aussi s'il est deffaillant de paier par deux années la moison et pris de la dicte ferme, le présent bail demourra nul pour le temps qui en restera à expirer, se bon semble audict bailleur, et neantmoins pourra ledict bailleur contraindre ledict preneur à payer ce qui sera deu à cause de la dicte moison.

A ce faire furent présens Ambroys et Jehan Maillart, frères dudict preneur, demourans à Monstereul, près le dict Claigny, qui se sont constituez pleiges, caucions et principaulx paieurs, avecques ledict preneur, et chacun d'eulx seul et pour le tout, sans division, du payement et pris de ladicte ferme et moison dessus déclarée et de acomplir toutes et chascunes les choses dessusdictes ou deffaulte y avoit (1) de ce faire par ledict preneur.

Et a esté dit que le dict preneur sera tenu faire la couppe, en temps et saison, des saulx estans ès terres, prez et jardins de la dicte ferme, planter à chascune couppe qui se fera tous les plantas (2) qui seront bons à planter et le reste mectre en eschal-

(1) *Sic*, pour aroit.
(2) Plantards ou plançons.

las et fagots, à ses dépens, desquelz échallas et fagotz ledict seigneur bailleur aura la moictyé et ledict preneur l'autre moictyé;

Aussi a esté dit que en la fin de la dernière année desdicts bail et prinse, se ledict preneur est mis hors de ladicte ferme, que ledict preneur pourra emmener et emporter autant de feurres et fiens qu'il aura amenez en ladicte ferme en entrant en icelle, selon l'extimacion qui en sera faicte par laboureurs et gens en ce congnoissans.

Promectans, obligeans chascun pour le tout sans division, renonceans au benefice de division et discussion.

Faict l'an mil-cinq-cens-trente-ung, le lundi vingt-quatrième jour d'avril après Pasques.

(*Signé*) Pichon   (*Signé*) Rohart

Au bas de l'acte : Cestuy pour le dict Seigneur de Lissy.

(Archives Nat., P. 2253².)

II

TESTAMENT DE PIERRE LESCOT, ARCHITECTE DU LOUVRE.

Paris, 17 juin 1578.

A tous ceulx qui ces presentes lettres verront Anthoine Duprat, Chevallier de l'ordre du Roy, seigneur de Nantoillet, Precy, Rozay et de Formeries, Baron de Thoury et de Vitraulx, conseiller de Sa Magesté, son chambellan ordinaire et garde de la Prevosté [de] Paris, Salut.

Scavoir faisons que par devant Loys Rozé et François Croiset, notaires du Roy, nostredict seigneur, de par luy commis ordonnez et establiz en son Chastellet de Paris, fut present en sa personne Révérend Pére en Dieu Messire Pierre Lescot, seigneur de Claigny, conseillier et aumosnier ordinaire du Roy et abbé de l'abbaye Nostre-Dame de Clermont, diocèse du Mans, estant de présent en santé et bonne disposition ainsi qu'il disoit et que de prime face il est apparu ausdicts notaires soubzsignez par ses gestes, parolles et maintien, lequel considérant qu'il n'est riens plus certain que la mort ne moings certain que l'heure d'icelle, ne voullant décedder de ce monde mortel intestat, mais pendant qu'il est en bon propos ordonner et disposer des biens et facultez qu'il a pleu à Dieu luy départir en ce dict monde mortel, a faict et ordonne son testament et ordonnance de dernière volunté en la forme et manière qui ensuict :

Premièrement, comme bon et vray catholicque a recommandé et recommande son âme, dès à présent et quant de son corps partira, à Dieu nostre créateur saulveur et rédempteur Jhesus-Christ père, filz et au Sainct-Esprit, saincte Trinité de Paradis, à la glorieuse vierge Marie ,à messires sainct Pierre et sainct Paul et à toute la court celeste de Paradis, qu'il suplie très-humblement intercedder pour son âme.

Item veult et ordonne son corps estre inhumé et enterré en l'église Nostre-Dame de Paris, à l'endroict où messires du chappitre adviseront avec son executeur du présent testament; et que sur sa sépulture soit couché une tumbe en laquelle sera gravé quelque épitaphe à sa discrétion.

Item veult et ordonne ses debtes estre payées et tors faictz, s'aucuns y a, reparez et amendez par son dict executeur.

Item veult et ordonne assister à son convoy les quatre ordres mandiens de ceste ville, ensemble les Enfans Rouges, ceulx du Sainct-Esprit et de la Trinité et qu'il y ait tel nombre de torches qu'il sera advisé par son dict executeur; plus, que à son dict convoy assistent douze paouvres qui seront revestuz de noir et qu'il soit donné et aulmosné pour Dieu le jour de son enterrement jusques à la somme de dix escuz soleil.

Item donne et laisse à ses serviteurs qui se trouveront à son service au jour de son décès, oultre et pardessus les gaiges qui leur seront deubz, à chacun d'eulx une robbe de drap noir pour porter à son convoy de tel pris qu'il plaira au dict executeur selon la qualité desdits serviteurs.

Davantaige, a donné et légué à chacun d'eulx, scavoir est à Mᵉ Nicaise Berlizot, son chappelain, la faculté, que ledicte sieur testateur se seroit réservée et à ses héritiers, de prendre et recevoir la somme de deux cens livres tournois quant les cinquante livres tournois de rente qu'il luy a cy-devant ceddez et transportez, pour demourer quitte envers luy de la somme de six cens livres qu'il luy debvoit par contract faict avec luy, seroient racheptez par...(sic)... detempteur de la maison rue des Fontaines et deb(i)teur de la dicte rente de cinquante livres qui est racheptable de huict cens livres.

Item à Jehan Front-de-Fer, son vallet de chambre, la somme de cent escuz soleil,

A Martin Bonnet, soixante escuz soleil,

A Adrian Hue, autres soixante escuz soleil,

A Pasquier Quatreblé, trente escuz soleil,

A Jehan Blin, trente-trois escuz soleil ung tiers,

A Anthoine Beurré, vingt escuz soleil,

A Sébastienne ....(*sic*)...., servante, dix escuz soleil.

A ...(*sic*)... Viart et Jacques Front-de-Fer pour ayder à leur faire aprendre mestier, tel qu'il sera advisé par son executeur, à chacun d'eulx vingt-cinq escuz soleil.

Item à l'œuvre et fabricque Sainct Pierre de Lissi la somme de trente escuz soleil, pour estre employée à la reffection du pignon et clocher de l'église dudict lieu de Lissy et à la charge d'y célébrer ung service à l'intention dudict sieur testateur après son décès.

Item, au bureau des paouvres de ceste ville de Paris la somme de vingt escuz soleil.

Item a loué et ratiffié les donnations par luy faictes, tant cejourd'huy que auparavant à Jehan Dumont et Pierre Janvier et veult icelles sortir leur plain et entier effect.

Item loue et ratiffie les donnations par luy faictes entre-vifz, le jour d'hier aux sieurs de Lissy et de Breulles, ses nepveux, par devant les notaires soubs signez. Et veult et entend pareillement icelles sortir leur plain et entier effect ;

Item a déclairé que le contract d'eschange qui a esté faict le dict jour d'hier et par devant iceulx notaires entre sesdits nepveux des terres de Clagny et

Fourches, a esté par son advis et de son consentement ; et a légué et lègue audict sieur de Breulles
les meubles qui se trouverront audict Clagny au jour
du decès dudict sieur testateur.

Et pour ce que le dict sieur testateur désire que l'a-
mytié fraternelle demeure tousiours entre sesdicts nepveux et le sieur de Landrode leur frère, et aussi
d'aultant qu'il a laissé ledict sieur de Landrode, son
nepveu, son successeur au plus beau bien que Dieu
luy avoit donné et permis joyr en ce monde, ledict
sieur testateur desirant que la terre et seigneurie de
Lissi demeure entierrement audict sieur de Lissi, son
nepveu, a ordonné et ordonne que ledcit sieur de Landrode, aussi son nepveu, cedde et transporte par don-
nation entre vifz ou autrement en la meilleure forme
et manière que faire ce pourra, et incontinant après
le décès dudict sieur testateur audict sieur de Lissi,
son frère aisné, tout tel droict, part et portion qui
luy peult et pourra competter et appartenir en ladicte terre et seigneurie de Lissi ses appartenances
et appendances, à cause des successions mobiliaires
et immobilliaires de leur feu père jà escheue et de
leur mere à escheoir, et tout ce qui se trouvera au
dict Lissi au jour du decès de leur dicte mère.

Et pour autant que ledict sieur testateur désire
que, incontinant apres son décès, le dit sieur de Lissi,
son nepveu, entre en la plaine joissance de toute la

dicte terre et seigneurie de Lissi, ses dictes appartenances et appendances, et autres biens paternelz, ce
qu'il ne peult faire obstant le douaire que prend et
peult prendre leur dicte mère, a ordonné et ordonne
que le dict sieur de Landrode paye par chacun an audict sieur de Lissi qui demourera entièrement chargé
dudict douaire la somme de deux-cens-soixante-six
escuz-deux tiers d'escu, pour luy ayder à payer le
dict douaire, tant qu'il aura lieu, si mieulx le dict
sieur de Landrode n'ayme composer avec ladicte damoiselle de son droit de douaire ou faire en sorte
que le dict sieur de Lissi en soit entièrement des-
chargé.

Item veult et ordonne que le dict sieur de
Landrode paye par chacun an les pensions deues
a seur Marie Lescot, seur dudict sieur testateur,
religieuse au couvent des Filles-Dieu à Paris et à
seur Marie Lescot, sa niepce, religieuse à Chelles
et d'icelles en descharge et aquitte ses autres frères
et seur, et oultre veult le dict sieur testateur estre
payé par chacun an à chacune d'icelles la somme
de dix escuz soleil de pension viagère, leurs vies
durans.

Item veult et ordonne que le dict sieur de Landrode pour les raisons que dessus demeuré entièrement chargé de l'acomplissement du présent testament et pour ayder à fournir aux fraiz qu'il convien-

dra, luy a donné et laissé et par ces présentes
donne et laisse tous et chacuns ses biens meubles
aquestz et conquestz immeubles quelque part qu'ilz
soient scituez et assis et qui luy competteront au jour
de son trespas, excepté touteffois les livres, médalles,
pictures et autres choses cy-après déclairées au pé-
nultime article suyvant qui se partageront en la
forme portée par icelluy.

Et néantmoings s'il advenoit que le dict sieur de
Londrode (*sic*) ne voulsist accepter les leigs et fournir
ausdictes charges, clauses et conditions portées par le
présent testament ou aucunes d'icelles, en ce cas il
donne et lègue audict sieur de Lissi, son nepveu,
tous ses dictzmeubles, aquestz et conquestz immeubles
et tout ce qu'il luy peult donner par les coustumes
où ses dicts biens sont ou seront scituez et assis et
qu'il aura au jour de son trespas ; et ce à la charge
de l'exécution et acomplissement dudict présent testament et ordonnance dernière ;

Item veult et ordonne que aucun inventaire ne soit
faict après son décès desdicts livres, tableaulx,
pictures, médailles, portraictz, anticquitez, médailles
anticques et modernes et autres choses semblables qui
se trouveront tant en son estude, gallerie et cabinet
de sa maison du Cloistre en laquelle il se tient à présent que autres lieux ; mais que, après son décès, les
dictes choses se partaigent entre les dicts sieurs de

Lissy et de Landrode, ses nepveux, par moictié et égalle portion.

Et pour executer et acomplir le présent testament selon sa forme et teneur, le dit sieur testateur a esleu et eslist le dict sieur de Landrode, son nepveu, seul executeur, à la charge touteffoys d'accepter par luy les charges et conditions portées par le dict présent testament et auquel il a donné et donne povoir et puissance de ce faire et en ses mains s'est dessaisy de ses dictz biens dont il entend qu'il soit saisy jusques à l'entier accomplissement d'icelluy, suivant la coustume, revocquant tous autres testamens et codicilles par luy faictz auparavant cestuy, auquel il s'arreste, soubzmettant l'audition du compte de l'exécution d'icelluy à la jurisdiction et contraincte de la dicte prevosté de Paris ; touteffoys, si le dict sieur de Landrode ne voulloit accepter le dict testament aux charges et conditions dont le dict sieur testateur le charge cy-dessus, il eslist exécuteur d'icelluy oudict cas ledict sieur de Lissy aux mesmes charges et conditions susdictes ; priant messires de Rieux et de Vilacoublay, ses cousins, d'assister de conseil et faveur ledict sieur de Landrode ou de Lissy, ses nepveux, en l'exécution dudict présent testament.

En tesmoing de ce, nous à la rellation desdicts notaires avons faict mettre le scel de ladicte prévosté de Paris à ces dictes présentes lettres qui furent faictes et passées l'an mil cinq-cens-soixante-dix-huict, le mardy dix-septiesme jour de juing (1).

[*Copie collationnée signée par les notaires*].

Rozé   Croiset.

(Arch. Nat., P. 2253 ².)

III

Arpentage des Biens composant la ferme
de Clagny

Janvier 1666.

L'an mil-six-cens-soixante-six, au mois de Janvier, à la requeste et de l'ordonnance de Mre Alexandre Bontemps, premier valet de chambre du Roy, capitaine et intendant des chateaux, Maison royalle, terre et seigneurie de Versailles, je, Robert Prud'homme, juré mesureur royal demeurant à Chevreuse, certifie avoir bien et deuement mesuré et arpenté, à raison de vingt pieds pour perche et cent perches pour arpent, touttes et chacunes les pièces de terre et héritages, prez, bois et eaues,

_____

(1) Sur les principaux noms cités dans cette pièce, V. la table des noms de personnes et des noms de lieux.

maisons, enclos et dépendances de la ferme de Clagny, scituées en plusieurs chantiers, terroirs et
censives partialisez comme ensuit :

Premièrement, de l'acquisition faite du sieur de
Solignard (1), ce qui est scitué au terroir, dixmage
de Montreuil, censive dudit lieu pour les sieurs
Célestins.

— Cinq arpens soixante-seize perches trois-quarts,
en une pièce de trente-deux sillons de terre en
chaulme de bled, scis au bas de Montreuil proche
l'Eglise, tenant d'un costé au chemin qui tend de
Vil-d'-Avray à Porchefontaine, d'autre costé à
Pierre Mercier, d'un bout à la sente de la Tour à
venir du haut de Montreuil à leur Eglise et d'autre
bout au chemin du Reposoir, les susdits chemins
trouvez larges de douze pieds.

— Un arpent demy-quartier, en six sillons de
terre ensemencez de bled cette année, scis proche la
dernière, au chantier du Reposoir, tenant d'un costé
au sieur curé de Sèvre, d'autre costé à la terre de
l'Eglise de Montreuil, d'un bout à ladite sante de la
Tour, et d'autre bout par bas au dit chemin cy-dessus.

— Demy-arpent cinq perches, en deux sillons de
terre en chaulme de bled, proche la dernière, tenant

(1) Sur les Sollignac, v. plus haut p. 42-44.

9

d'un costé à la terre de l'Église de Montreuil, d'autre costé au sieur curé de Sèvre, et des deux bouts comme dessus.

— Un arpent soixante perches cinq-sixième de terre en neuf sillons scis comme dessus, tenant d'un costé au sieur curé de Sèvre, d'autre costé aux hoirs Lagniel, d'un bout à la cavée (1) et chemin qui tend de la Croix-Mulet à Porchefontaine, et d'autre bout au chemin du Reposoir, les fossez des deux bouts compris, aussy la dite sante de la Tour passans à travers la présente pièce ;

— Un arpent vingt-six perches trois-quarts de perche en dix sillons de terre en chaulme de bled, scis au chantier de la Tour, tenant d'un costé aux hoirs Lagniel, d'autre costé à la terre de l'Église dudit Montreuil, d'un bout à la première article et de la dite sente de la Tour entre deux comprise, et d'autre bout au chemin large de neuf pieds tendant de Versailles à Sèvre ;

— Deux arpents soixante perches deux-tiers de terre en chaulme de bled scis proche la deuxième pièce dernière, tenant d'un costé à la terre de l'Église de Montreuil, d'autre costé au carrefour des Creux-Chemins le long de la pièce à aller à la Croix-Mulet, et par le rentrant de la pièce tenant à la terre du

(1) Chemin creux.

sieur curé de Sèvre, d'un bout à la dite sente de la Tour, et d'autre bout au chemin large de neuf pieds tendant de Sèvre à Versailles ;

— Un arpent quatre-vingts-quatre perches deux-tiers en une pièce de terre en friche scis au chantier du Pré-Morin, tenant d'un costé au sieur curé de Sèvre, d'autre costé au chemin large de douze pieds tendant de Montreuil à Porchefontaine, entrant au grand chemin de Trappes à Paris sur lequel aboutit la présente pièce et d'autre bout aux sieurs Célestins, le fossé compris de la pièce le long du dit chemin cy-devant de la Croix, sur la haute berge du dit fossé s'y trouve deux chesnes ayans vie ;

— Cinquante-trois perches trois-quarts en cinq sillons de terre en chaume de bled, scis au chantier de la Marre-légère, tenant d'un costé aux Célestins, d'autre costé au pré cy-après, d'un bout à la dite Marre-légère, et d'autre bout aux sieurs Célestins ;

— Soixante-deux perches trois pieds de terre en chaulme de bled scis comme dessus, tenant d'un costé aux Célestins, d'autre costé au fossé et d'un bout au pré cy-après sur la hache, et d'autre bout au chemin de la Messe de Montreuil, à aller à Porchefontaine.

— Trois arpens quarente-une perche de pré en une pièce scis audit chantier de la Marre-légère, tenant d'un costé à la pièce cy-devant et par la hache

à la troisième suivante, d'autre costé à la deuxième
pièce dernière et à la terre des sieurs Célestins, d'un
bout à la terre et prez d'iceux, et d'autre bout par
haut au pré et à la Marre-légère estant en iceluy, les
fossés et saulx d'icelle présente pièce compris ;

— Demy-arpent de pré de figure trilatère ou
trois costez scis au chantier du Pré-messire-Jean,
tenant d'une part aux sieurs Célestins et aux deux
pièces suivantes, d'autre ausdits sieurs Célestins, et
d'autre part à iceux, les fossez et saulx dudit pré
compris :

— Quatre-vingts-huit perches et demye en quatre
sillon de terre en chaume de bled, au lieu dit le
Champ-pourry, sous l'église de Montreuil, tenant
d'un costé à un sillon de ladite Église venant de l'eschange du sieur curé de Sèvre, d'autre costé aux
sieurs Célestins, d'un bout à la dite Église, et d'autre
bout par bas au pré cy-devant ;

— Quatre-vingts-trois perches en une pièce de
terre en chaulme de bled, scis proche la dernière,
tenant d'un costé au sillon de la dite Église, d'autre
costé à la troisième article du pré cy-devant, d'un
bout par deux sillons au demy-arpent de pré article
deuxième dernière, et par les pointes aux Célestins,
et d'autre bout à la dite Église ;

— Huit perches onze pieds de pré au chantier dit
les Prez-Dupuys, tenant d'un costé au pré de l'Église,

d'autre costé à Pierre Mercier, d'un bout ausdits sieurs Célestins et d'autre bout à Pierre Bazonnet.

(Nota que l'on dit y devoir avoir un demy-quartier).

— Soixante-seize perches trois-quarts de pré scis comme dessus tenant d'un costé au sieur curé de Sèvre, d'autre à la veuve Tiron, d'un bout à la haye du clos du sieur curé de Chaville et d'autre bout aux sieurs Célestins ;

Un arpent demy-quartier de pré en une pièce faisant hache scis au mesme lieu, tenant d'un costé au pré du sieur curé de Sèvre et à la veuve Guespin, d'autre au pré de l'Église de Montreuil, un saul de leur pré à deux pieds de la séparation de la longueur de ce costé, d'un bout sur le chemin de Sèvre au dit Montreuil, trouvé large de neuf pieds, le fossé de ce bout compris, sur la haulte berge duquel s'y trouve deux grands chesnes ayans vie, et d'autre bout par la hache sur la hayes des jardins celuy du nommé Grieux ;

— Un demy-arpent de pré en une pièce au dessus de la dernière, le chemin susdit entre deux scis au lieu dit le Préo, tenant d'un costé sur le dit chemin, d'autre costé et des deux bouts aux hoirs François Godmer ;

— Deux arpens trois quartiers moins quatre perches de terre en brières et friches de dix sillons, scis proche la dernière, tenant d'un costé ausdits hoirs Godmer, d'autre à l'Église de Montreuil, d'un bout au chemin cy-dessus, et d'autre bout en partie sur le fossé du bois et aux brierres des Célestins ;

— Trente perches et demie de pré au lieu dit la Marre-Boreau, tenant d'un costé et bout au pré du sieur de Malortis, d'autre costé à la terre des Céles-tins, le fossé du pré compris entre deux, et d'autre sur la dite Mare-Boreau ;

— Dix-huit arpens soixante-douze perches et de-mye que contient le bois de butte de Picardie, d'ac-quisition en partie du sieur Solignard, en ce com-pris une pièce en brières non plantée de bois conte-nant séparément deux arpens trois quartiers deux perches un quart, le tout enceint de fossez, scavoir tenant à deux pieds du fossé du bois et brières du sieur de Glatigny, d'autre à deux pieds au delà du fossé de la présente pièce tenant à celle cy-après, d'un bout à autres deux pieds du fossé tenant aux pâtures sous le parc de Clagny, et d'autre bout au chemin pavé de la dessente de la dite butte de Pi-cardie en l'allée du Cours à la barrière.

— Quarante-trois arpens dix-huit perches en une pièce de terre en friche sous le bois cy-devant, tenant d'un costé immédiatement aux murs d'un costé du parc de Clagny, la pièce traversée des allées du Cours et à ce sujet séparée comme en suit :

Scavoir vingt-huit arpens soixante-une perches
pour première partie entre le premier fossé des allées
et les murs dudict parc tombant en pointe à l'encoigneure d'iceluy mur, et par le haut le long du fossé
du bois devant dit, le long des fossés desdites allées
sur la présente partie il y aura, s'il plaist, une distance de chemin pour de la descente de la dite butte
de Picardie arriver au chasteau de Versailles ;

Plus neuf arpens quarante perches et demye que
contiennent les allées du Cours en l'estendue seulement de la dite présente pièce, compris six pieds au
delà du fossé des susdites allées de l'autre costé
vers Montreuil, distance laissée pour arriver plus
commodément à faire travail, vuider les terres d'i-
celuy, cette distance toutesfois comprises en la mesure
d'icelles allées, est compris trois quartiers de terre
couppez de la pièce du sieur Malortis et une petite
espace de terre pouvant contenir un quartier qui
dépendait de la pièce de terre des sieurs Célestins entrez et compris ausdites allées ;

Et le surplus de la dite totalle pièce contenant cinq
arpens seize perches et demie en friche, finissant au
chemin qui autrefois descendoit de la Picardie au
carrefour du chemin de Sèvre à Clagny, se perdant
en les allées, tenant d'une part à la dite distance de
six pieds délaissez le long du fossé desdites allées
comme devant est dit, et d'autre part par bas de Cla-

gny à Sèvre, le long duquel et sur la présente pièce s'y trouve deux chesnes ayans vie,

Lesquelles trois pièces reviennent à la susdite quantité de quarente-trois arpens dix-huit-perches compris comme dessus déclaré ;

—— Vingt-deux perches un quart de terre et jardin joignant celuy de la maison des Degrez, au lieu du haut du village de Montreuil, tenant d'un costé au chemin pour y aller, d'autre à la haye moitoyenne des Maturins-Pierre, et d'autre bout à la terre des sieurs Célestins, sur le haut dudit bout y a un vieil noyer, et le long dudict chemin sept petits ormeaux émondez, et petit arbre pommier ;

Le parc et enclos de Clagny contient trente-sept arpens et demy, compris générallement touttes les assiettes des bâtimens et enceinte des murs, savoir :

La cour des lieux de la ferme et ses bâtimens, un arpent seize perches un sixième, compris les deux petits quarrez aux deux bouts des pignons de la grange ;

Le jardin potager derrière les lieux, la quantité de trois arpents quatre-vingts-douze perches et demye ;

Le petit verger derrière la grange contient quarente-huit perches un sixième ;

La cour du pavillon quarrée et ses bastiments, un arpent quatre-vingt-dix perches et demie ;

Le parterre et boulevers avec le demy-rond contient un arpent quatorze perches et demie ;

La futaye et ses allées jusqu'aux murs, trois arpens dix-sept perches et demye ;

Le quarré et espace de terre labourable sous la dite futaye et entre les deux parties du bois du parc, jusqu'aux murs, les quatre allées comprises, contient deux arpens quarente-six perches deux tiers de perche ;

L'espace de pré à la veue du pavillon quarré, tombant jusques sur les murs du parc au bas de toutte la longueur du parc entre les deux parties du bois au deux costez dudit pré, contient le pré six arpens soixante-sept perches ;

Et finallement la quantité de seize arpens cinquante-sept perches pour lesdites deux parties du bois qu'il se trouve en iceluy parc, sans toutesfois avoir compris pour bois quelques brins de bois acreus en la partie au bas dudict pré ;

Tellement que touttes ses parties ainsy distinguées reviennent à la susdite quantité de trente-sept arpens et demy pour le total, comme dessus ;

— Huit arpens en une pièce de terre en friche traversée par l'allée du Cours et rond formé en icelle scis devant les lieux de la ferme de Clagny, au terroir, dixmage et censive de Montreuil pour lesdits sieurs Célestins ; laquelle pièce fait finir ledit dixmage

et censive, tenant d'un costé au chemin qui tendoit
du haut du vilage de Montreuil à la butte de Picardie qui se perd en icelles, iceluy chemin se trouve
large de trois toises, et poursuivant ledit costé iré-
gulièrement le long de la terre et clos des hoirs Godmer et clos des sieurs Célestins, où il s'y fait dudit
clos, par la partie du rond, entreprise de quelques
huit à neuf perches compris en la pièce, d'autre costé
au chemin vert qui fait séparation dudit dixmage de
Montreuil de celuy de Versailles, et tenant au fossé
du bois de la terre du sieur de Malortis, d'un bout
par bas aux trente-six pieds de chemin le long du mur
devant de la ferme et, par delà l'encoigneure, tenant
audit chemin qui traverse la dite allée, et d'autre
bout par haut au fossé du bois de la Garenne cy-après
déclarée, ladite présente pièce partialisée en cette manière :

Scavoir, pour les allées et rond et six pieds au
delà autour des fossez, la quantité de quatre arpens
cinquante-huit perches un quart,

Un arpent sept perches un quart qu'il y a de terre
entre le grand chemin attenant les murs du devant
de la ferme, et la dite distance de six pieds près le
dit fossé premier des allées tenant audit chemin verd
tombant de l'autre part sur la partie du rond ;

Au delà des allées et fossez, entre le fossé du bois
de la Garenne et autre distance de six pieds près de

l'autre fossé, contient l'espace de terre deux arpens une perche un sixième ;

Et finallement un tiers d'arpent qu'il y a au reste de la pièce au delà des allées et rond en icelles tenant au chemin cy-dessus qui tendoit du haut du village de Montreuil à la butte de Picardie, compris le fossé de la terre, sur la haulte berge duquel s'y trouve quatre chesnes de haulte élévation, et deux bas ormeaux, le tout ayans vie ;

— Le bois de la Garenne, compris les fossez qui en dépendent, pour la jettée estre du costé du bois, contient douze arpens cinquante-quatre perches deux-tiers ;

En laquelle pièce est enclavé sept quartiers de friche en une pièce qui appartient, que l'on dit, au sieur de Malortis et Douaire non compris dudit bois, iceluy scis au dessus de la dernière pièce en censive de Montreuil, tenant d'un costé par bas à la pièce dernière, et à la terre et friche du sieur Malortis, d'autre par haut aux friches de la butte de Montbauron, d'un bout à la pièce cy-après et d'autre bout au bois montant jusqu'à l'encoigneure du mur de l'enclos du sieur Leroux.

Suivent les terres au dixmage et mesme censive que l'on croit de Versailles.

Vingt-neuf arpens soixante-six perches un douzième de perche de terre en friche proche et sous la

pièce dernière, laquelle est traversée des allées du
Cours à des allées de traverse faisant faire plusieurs
parties en la pièce dispercée comme ensuit ;

Premièrement pour touttes les allées et fossez, et
distance de six pieds au delà d'iceux, de l'estendue
de la pièce se trouvent contenir neuf arpens quatre-
vingts treize perches et demye pour les deux parties
d'allées ;

Trois arpens trente-une perches un tiers que contient l'espace de terre entre le friche de Monsieur
de Malortis, sous le bois de la Garenne, et entre iceluy
bois et les allées du Cours et allées de traverses ;

Six arpens quarante-six perches un quart de
perche de terre au delà sous les allées de traverses
tirant vers Versailles tenant à celles du Cours
abboutissant à la Croix et chemin, moityé compris,
qui tendoit au Bon-puits de Versailles, et finallement
à costé des allées du Cours vers l'estang l'espace de
terre s'est trouvé contenir dix arpens moins cinq
perches, le grand chemin depuis le coing du mur du
parc de Clagny passant à travers de la dite pièce
compris, la dite dernière partie tenant au chemin
verd, d'un bout, et d'autre bout tenant à la terre
du sieur Louis Gourlier le jeune, et par bas tenant
au petit chemin qui va du dit coing du mur à la
chaussée de l'estang séparant la présente pièce et
celle cy-après où est l'estang ;

Vingt-trois arpens trois quartiers moins une perche un huitième de terre en une pièce friche faisant plusieurs haches l'une desquelles aboutist sur le fossé de l'allée du Cours, en laquelle est couppé un petit quarré d'icelle hache non compris pour n'avoir pu reconnoistre le bout, la dite pièce scize proche la dernière au chantier de la Pompe, terroir et dixmage de Versailles et censive que l'on dit estre du Roy ou du prieuré du dit Versailles, tenant d'un costé par le bout d'en haches à la terre du sieur de Museloup à présent au Roy, d'autre costé, à la pièce dernière, d'un bout à la terre du sieur Gourlier de Jouy, auquel bout est compris le chemin qui doit estre laissé le long du dit fossé, et d'autre bout au petit chemin cy-dessus, tenant du coing du mur de Clagny le long et entre deux de la présente pièce de terre et prez cy-après où est l'estang :

Au delà du costé de l'estang suivent plusieurs pièces scituées au dixmage de Versailles, censive du sieur de Glatigny :

Un arpent en trois sillons de terre en labour scis proche la chaussée au costé de l'estang, tenant d'un costé à la terre de la prieuré de Versailles, d'autre costé à la terre de la cure de Versailles, d'un bout au sieur de Glatigny et d'autre bout au surplus de la pièce en l'estang ;

Un arpent et demy quatre perches et demye de

terre en friche le surplus en l'estang scis au chantier
du Girondeau, tenant d'un costé à la terre de la cure
de Versailles, d'autre costé à la pièce de pré cy-après,
d'un bout au pré du prieuré, et d'autre bout en l'estang ;

Trois arpens cinquante une perches et demye de
pré en une pièce quelque partie en l'estang scis au
chantier du Girondeau, tenant d'un costé à la pièce
dernière, d'autre à la suivante, d'un bout à...... (sic)
et d'autre bout au surplus de la pièce en l'estang ;

Neuf arpens quatorze perches de terre en une
pièce de friche scis au chantier de la Navette dépen-
dante de Clagny, venue par échange du sieur de Glatigny, tenant d'un costé à la pièce dernière, et au
sieur de Glatigny d'autre costé, et d'un bout au dit
sieur et au pré du sieur de Beyne, et d'autre bout
sur le pré cy-après, et au surplus de la présente
pièce en l'estang ;

Neuf arpens dix perches de pré en une pièce au
bout et queue de l'estang supposée estre au chesne
remarque pour l'extrémité de l'eaue s'étendant
depuis le dit chesne jusqu'aux murs du parc de
Clagny, le surplus en l'estang tenant d'un costé à la
pièce dernière, au pré du sieur de Beyne, au sieur
prieur de Jardis et aux friches cy-après la troisième
article, et d'autre costé à la pièce de terre nommée
les Soixante-arpens est compris une petite pièce de

terre au milieu du dit pré délaissée pour la rendre de pareille nature de pré ;

Quarante-un arpent quatre-vingts-deux perches et demye de terre en friche de la pièce nommée les Soixanté-arpens, le surplus en l'estang cy-après au terroir et dixmage de Versailles, et censive que l'on croit estre au Roy ou de la prieuré de Versailles, la dite pièce prenant depuis le coing du mur du parc le long et en fin du chemin qui va à la chaussée séparant la dite présente pièce entre deux de celle des vingt-trois arpens soixante-treize perches sept huitième et autres pièces devant déclarées abboutissant sur le pré de Clagny ;

L'estang de Clagny, comme de présent il est en eaue, contient cinquante-quatre arpens quatre-vingts-trois perches, compris plusieurs pièces et parties d'autres tant terre que pré et qui y aboutissent, comme les pièces cy-devant déclarées de la censive de Glatigny, autres pièces de ce costé comme la terre de la prieuré de Versailles, le pré de l'Église dudit Versailles aussy compris de l'autre costé vers Versailles près la chaussée deux arpens de pré au sieur Gourlier le jeune, partie de celuy du prieuré, autres trois quartiers de pré audit Gourlier le jeune, et le pré de Clagny couverts d'eaue de la dite estang, pourquoi les séparations n'ont pu estre reconneue pour bout opposé à la chaussée par ligue parallèle a esté terminée l'extrémité ou queue du dit esteng à un chesne de haute élévation tirant du costé de Glatigny dix-huit perches de large où s'est trouvé le rivage de l'eaue tournoyant les pièces cy-vant déclarées jusqu'à la dite chaussée, laquelle n'a pas esté comprise ;

Neuf arpens cinquante-six perches et demie en une pièce de terre en friche à présent en pâture scis derrière les murs du parc de Clagny au terroir, dix-mage de Versailles, censive de Glatigny, tenant d'un costé immédiatement ausdits murs de Clagny et au pré devant déclaré à la queue dudit estang, d'autre costé aux deux pieds de jettée du fossé des grands et nouvel bois dudit sieur de Glatigny terminant la présente pièce au bout et à l'alignement de son dit fossé, au moyen de l'eschange faite avec ledit sieur de Glatigny, dont la présente pièce fait partie, et d'autre bout au fossé du bois de la butte de Picardie, cy-devant déclaré, en ladite présente pièce n'est pas compris trois morceaux de friche qui font partie de leurs pièces, et qui sont enfermées par le fossé du plan du nouvel bois du sieur de Glatigny, lesquelles pièces appartiennent au sieur de Museloup et à présent au Roy. Ils sont remarquez aux mesurages des terres du dehors du grand parc ;

Revenir sous le bois de la Garenne et butte de Montbauron entre les allées de traverse où sont deux

pièces dépendantes de Clagny, d'acquisition du sieur
Solignard, et scituées au terroir, dixmage et censive
de Versailles ;

Un arpent soixante-sept perches de terre en friche
faisant partie de deux arpens et demy que l'on dit
qu'icelle pièce doit contenir le supplément qui est
quatre-vingts trois perches sont dans les allées de
traverse, tenant d'un costé à la veuve Tiron et à la
terre de la fabrique de Montreuil, d'autre costé aux
sieurs les Gourliers, d'un bout au fossé du bois de la
Garenne et d'autre bout à six pieds près du fossé
desdites allées de traverse, où reste le suplayement
de la dite présente pièce ;

Un demy-quartier de terre de présent labouré en
une pièce proche la dernière, scis sous ladite garenne
dépendant de Clagny, tenant d'un costé aux héritiers
François Godmer, d'autre à Pierre Mercier, d'un
bout par bas à la dite garenne ;

Suivent les pièces dépendantes de Clagny, d'acquisition du sieur Solignard, situées au terroir, dixmage
et censive de Montreuil pour les sieurs Célestins :

Un arpent et demy, moins deux perches, en une
pièce de treize sillons de terre en friche scis sous
ladite butte et garenne de Monbauron, tenant d'un
costé à six pieds de distance que l'on dit devoir
servir de passage le long des murs du parc et enclos
du sieur Leroux, d'autre costé ausdits héritiers

10

Godmer, d'un bout au grand chemin de Versailles à
Paris et d'autre bout à la dite butte de Montbauron,
on doubte qu'icelle pièce fait partie de la vente que
le sieur Robineau a faite au sieur Leroux ;

Trois arpents quarante-sept perches de terre
friche en une pièce scize comme dessus en laquelle
sont les allées royalles qui sont entreprises en la
piéce de la quantité de deux arpens et demy, demy
quartier le surplus de la pièce qui est quatre-vingts-
quatre perches et demye hors icelle vers les allées des
bois, tenant le total d'un costé à la terre du sieur
curé de Sèvre aussy enfermées partie en icelles allées, et d'autre aux hoirs Godmer, d'un bout sur les
prez cy-après et d'autre bout au grand chemin
tendant de Versailles à Paris, au bout du fossé est
compris en la quantité ausdites allées un petit
triangle entre le grand chemin et les allées duquel
n'a pas esté séparé, attendu sa petitesse.

Quatre arpens trois quartiers quatre perches et
demye en une pièce de terre en friche traversés des
allées royalles, scavoir pour la partie des allées et
fossez et six pieds au delà d'iceux, la quantité de
trois arpens cinq perches et demye ;

Au costé de devers le parc de la tour, un arpent
vingt-une perche trois quarts ;

Et cinquante-deux perches un quart pour troisième
partie, et reste de la routte du costé de devers les

bois, tenant le total d'un costé ausdits hoirs Godmer, d'autre au sieur curé de Sèvre, d'un bout au grand chemin cy-dessus, et d'autre bout par bas aux Vieux-Prez ;

Un arpent trois perches un huitième en une pièce de terre en friche scis comme dessus, scavoir la quantité de soixante perches qui entre ausdites allées ;

Et quarente-trois perches un huitième de perche pour le surplus de la pièce, entre lesdites allés et le grand chemin de Paris, tenant le tout d'un costé audit sieur curé de Sèvre, d'autre costé au chemin qui tend de Montreuil à Buc, d'un bout audit grand chemin, et d'autre bout ausdits Vieux-Prez ;

Trois arpens cinquante-une perche de terre friche scis sur l'estang pierray lieu dit les Sablons et Graviers de Montreuil, scavoir ce qui est dans les allées royalles la quantité de deux arpens quarente-deux perches et demye ;

Et un arpent huit perches resté de la pièce sous ledit grand chemin, tenant le total d'un costé à la terre de la fabrique de Montreuil, d'autre costé audit Mercier et à la veuve Lagniel, d'un bout par bas sur ledit étang pierray, et d'autre bout audit grand chemin :

Cinq arpens quatre-vingt-six perches cinq huitièmes de terre et pré, scavoir : la partie du pré, deux arpens soixante-huit perches et demye et celle de la terre trois arpens dix-huit perches un huitième de terre en friche au chantier des Vieux-Prez, sous les allées royalles, tenant aux prez et terre des sieurs Célestins, d'autre costé à la pièce de pâtures, la troisième pièce suivante, et ausdits sieurs Célestins, d'un bout à la quatrième pièce devant déclarée et à la terre des hoirs Godmer, et d'autre bout par haut à la fabrique de Montreuil.

La pièce baillée à M. le prieur de Jardis pour 2 arpens de pré à la Fontaine-Charlotte, l'arpent de pré 250 ^{ll}, la terre, 1 ^{ll}.

Trois arpens en une pièce de pré que l'on dit devoir la piéce contenir icelle faisant hache en la prairie des Vieux-Prez, tenant d'un costé auprés des hoirs Godmer, d'autre costé par la hache au pré des Célestins, d'un bout à la quatrième piéce devant déclarée, et d'autre bout par bas au fossé dudit pré, entre deux des pâtures de la seconde pièce suivante. Nota que la pièce n'a pas esté mesurée pour n'avoir pu connoistre les séparations.

Un arpent soixante-cinq perches trois huitièmes de perche de pré scis au mesme lieu dit les Vieux-Prez tenant d'un costé au chemin qui tend dudit

Montreuil à Buc, le long duquel de l'estendue du dit
pré y entre la clée qui circonfère ledit estang pierray,
d'autre costé borné de deux bornes tenant au pré du
sieur Douaire, d'un bout par le fossé de la présente
piéce tenant à la pâture pièce suivante, et d'autre
bout par ligne à angle droit au respec du costé borné
audit sieur Douaire à luy appartenant par succession
eue Mademoiselle de Malortis ;

Quatre arpens cinquante-une perche et demye en
une pièce de terre en pâture remplie de brières scis
joignant et tenant aux fossez des Vieux-Prez d'un
costé, d'autre costé en pointe au chemin de Montreuil à Buc et autres pâtures des communes de
Montreuil, le fossé de la présente pièce entre deux,
d'un bout en pointe audit chemin et d'autre bout au
fossé de la terre et pré de la troisième pièce
dernière ;

Trois arpens trente-cinq perches un tiers en une
pièce de pré faisant deux haches et deux parties par
le fossé qui circonfère l'estang, tellement qu'il couppe
et fait enfermer audit estang de la susdite pièce un
arpent deux perches, compris six pieds au delà dudit
fossé sur l'autre partie et surplus de la pièce qui est
deux arpens et un tiers d'arpent en nature de pré
scis au lieudit la Fontaine-Naturelle, tenant d'un
costé aux Célestins, le fossé entre deux sur la
haulte berge duquel s'y trouve deux chesnes ayans

vie et continuant le long de la hache montant en
haut tenant au fossé du pré du sieur curé de Sèvre,
d'autre costé à la pièce suivante, d'un bout par haut
à ladicte pièce cy-après et d'autre bout par bas au
reste de la pièce séparé du fossé dudit estang pierray ;

Trois arpens soixante une perche de terre en friche et faisant hache de vingt-trois sillons sur la dernière pièce, tenant d'un costé aux hoirs Godmer,
d'autres costé à l'article dernière et par le costé de
la hache aux Célestins, d'un bout ausdits hoirs Godmer, et d'autre bout au petit quaré de pâture hors
les fossés dudict estang de la pièce y enfermé celle
cy-après ;

Deux arpents une perche trois quarts de friche, pâture, scavoir : vingt-une perche qui contient le petit quarré hors le fossé dudict estang dépendant de la présente pièce sous la dernière, et le
surplus qui est un arpent quatre-vingts perches trois
quarts enfermez audit estang par le fossé qui le con-
toure, au long duquel, vis-à-vis des pièces devant déclarées, y a esté compris six pieds de distance avec
les parties y enfermées ;

Un arpent de terre remply de brières en une
pièce enclavée en celle des sieurs Célestins scis au
lieu de la Grande-Vente, en laquelle passe à travers
le grand chemin de Versailles au Bourg-la-Reyne,
tenant d'un costé et d'un bout ausdits sieurs Céles-

tins, d'autre aux friches des hoirs Godmer, et d'autre bout par haut au fossé du bois du sieur curé de Sèvre;

Deux arpents trente-cinq perches trois quarts de bois au lieudit le Cul-de-sac, tenant d'un côté et des deux bouts au bois des sieurs Célestins par eux fait exploiter cette année, d'autre costé à plusieurs comme par les pièces cy-après qui abboutissent sur le fossé de la présente pièce ;

Cinq quartiers en cinq sillons de terre en friche proche et sous la dernière pièce au chantier du Trou-de-terre-franche, tenant d'un costé à la terre de la fabrique de Viroflé tenue à rente par Léonard Paris, d'autre costé aux sieurs Célestins, d'un bout sur le dit fossé de la dernière pièce, et d'autre bout par bas ausdits hoirs Godmer ;

Trois quartiers et demy en trois sillons de terre en friche proche la dernière tenant d'un costé à la terre de ladiste fabrique de Viroflé, d'autre costé à la terre de la veuve Tiron, que l'on dit, et des deux bouts comme dessus dit ;

Trois arpens de terre en friche scis au mesme chantier du Cul-de-sac ou la Grande-Vente, tenant d'un costé aux sieurs Malortis et Douaire par le long d'un sillon aboutissant sur le fossé des Vieux-Prez, sur celuy du sieur curé de Sèvre, tenant d'un costé ausdits sieurs Célestins, d'un bout par bas aux terres

de l'Eglise de Montreuil, et d'autre bout par haut
aux brières des bois ;

Un arpent et demy en une pièce de plusieurs sillons pointes de terre en friche sous la dernière la
terre de l'église de Montreuil entre deux, tenant
d'un costé aux hoirs Godmer, d'autre costé à Nicolas Maillard, d'un bout par le plus large au fossé qui
circonfère l'estang pierray, et d'autre bont à la terre
de la dite Eglise de Montreuil.

Trois arpens quatre-vingts-quatre perches un huitième de terre en terre en friche scis sous les bois
de Haute-Bruière, non compris un demy-arpent de
terre enclavé en icelle pièce, joignant et tenant d'un
costé au chemin de Buc, qui appartient, que l'on dit,
à la dite fabrique de Montreuil, tenant d'un côté
aux sieurs Célestins, d'un bout par bas au chemin large
de dix-huit pieds tendant de Versailles au Bourg-la-
Reyne et d'autre bout par haut au chemin de la Procession à Buc;

Deux arpens soixante-sept perches en une
pièce de terre en friche et lizière de bois comprise à l'un des bouts d'icelle pièce tenant d'un
costé au sieur Douaire, à cause de l'hérédité de
feue damoiselle de Malortis, d'autre costé à la
pièce de bois cy-après nommée Haute-Brière, d'un
bout par haut au bois desdits sieurs Célestins
deux chesnes de la dite lizière, et d'autre bout

par bas audit chemin de la Procession devant déclaré;

Cinq arpens un quartier de terre en friche faisant au bout d'en bas une hache de quatre sillons, tenant des deux costez aux sieurs Célestins d'un bout sur le fossé du bois et sur le chemin de la Procession à Buc, et d'autre bout par bas aux sieurs les Gourliers;

Cinq arpents trois quartiers que contient le bois de Haute-Brière scis comme dit est partie dudit bois en brières, tenant d'un costé par bas à la pièce suivante, le fossé dudit bois entre deux, et d'autre par haut au bois des sieurs Lemaire et aux briéres de Versailles d'un bout ausdites brières d'autre à la deuxième pièce dernière;

Un arpent quinze perches en six sillons de terre en friche la pièce nommée le Gros-Chasteignier, tenant d'un costé au fossé du bois de la pièce dernière, d'autre aux sieurs de Malortis et Douaire, d'un bout ausdits sieurs Célestins et d'autre bout aux brières de Versailles;

Soixante-treize perches trois quarts en deux sillons de terre en friche proche la dernière, tenant d'un costé ausdits sieurs Célestins, d'autre costé à.....
(sic), d'un bout audit chemin de la Procession de Versailles à Buc, et d'autre bout sur le bout de la pièce cy-après.

Trois arpents soixante-unze perches de terre en

friche faisant haches, le grand chemin de Versailles au Bourg-la-Reine passant à travers compris, scis au lieu de la Foucauldière, tenant d'un costé aux brières de Versailles, d'autre costé à la terre de la fabrique de Montreuil et aux sieurs les Gourliers, d'un bout par hache proche le chemin tenant ausdits sieurs les Célestins et sieur Malortis et d'autre bout par bas Célestins et à un sillon à costé de la pièce entre et joignant la suivante ;

Un arpent de friche en une pièce scis comme dessus, tenant d'un costé à la pièce cy-devant, d'autre costé borné aux sieurs Célestins, et d'un bout, et d'autre bout à la dite fabrique de Montreuil ;

Les 2 articles baillez à l'église de Montreuil pour un arpent 4 perches 1/2 de leur terre entrez dans l'advenue royalle de Versailles, près la petite garenne.

Un demy-arpent de terre et pâture en friche scis au lieu de la Pommeraye, tenant aux sieurs Célestins, le fossé de la pièce compris, d'autre à la damoiselle Chabert, d'un bout au chemin de Montreuil à Vil-de-Avray, et d'autre en pointe à la dite damoiselle ; icelle pièce non mesurée, trouvée bornée de trois angles ;

Finallement, une pièce de bois en brières appelé le

bois de la Gévrinière contenant 5 arpens quatre-vingts-quatorze perches et demye, tenant d'un costé au fossé du bois des sieurs Célestins, d'autre par le fossé de la présente pièce aux concaves vallées en friche aux Mabilles, d'un bout sur le chemin qui tend de Montreuil à Buc et d'autre bout, borné de plusieurs bornes à plusieurs comme aux Mabilles, Garmond et autres ;

Ce que dessus je certiffie estre vray et ce suivant les démonstrations des limites à moy faite par Robert Mabire, demeurant au lieu de Montreuil, qui a labouré et fait valloir ladite terre et ferme, et encore de Michel Frichet demeurant à Versailles qui a soyé et fauché en plusieurs années, au dit mois et an que dessus, signé : Prudhomme, avec paraphe.

Collationné à l'original en pappier, ce faict, rendu par moy notaire du Roy à Versailles soussigné, le huitième apvril mvıᵉ quatre-vingt-cinq, en présence de François Mabille et Thomas Montaudouin tesmoings demourans audit Versailles.

(*signé*) Montaudouin,   (*signé*) Mabile,

(*signé*) Lamy.

(Arch. nat., P. 2253².)

IV

LETTRE DE MANSART A COLBERT SUR LES TRAVAUX DE CLAGNY

« A Clagny, ce 10e septambre 1677

« Monsieur,

« Je croy que vous trouverez bon que je prene la
« liberté de vous etcrire pour vous informé de l'é-
« tat du bâtiment de Clagny ; vous scaurez, Monsei-
« gneur, que tous les talieurs de piere ont tous
« quité le bâtiment, et il n'y an a pas un seulle qui
« travaille depuis leundy à midy, fondant leur ré-
« volte sur ce qu'i dise que l'on leur doit quatre se-
« maine, et qu'apesolument il ne travaleront pas
« qu'il ne soit peié, ce qui cose un gran désorde
« dan le bâtiment, don j'ay cru vous devoir doner
« avis.

« Je me sert ausy de cet aucasion, Monseigneur,
« pour vous tèmoynier l'extrême deplésir que j'ay
« eu de ne m'estre pas trouvé à Clagny lorscqu'il vous
« a plu i venir pour i régler les modelle des corniche
« que j'aves faict faire avect bocoup de soins. Mon-
« sieur Bréau m'avait promis de me faire l'amitié de
« m'avertir, après l'an avoir extrèmement prié,

« lorsce qu'il sauroit que vous i viencderié ; j'étès à
« Paris alorce et me portoit bocoup mieux que je n'a-
« vès faict, la fièvre m'ayant quité que j'avès eu onse
« jours duran ; mès, si j'usse esté averty, je coman-
« soit à avoir assé de force pour aler à Clagny vous
« expliquer tout ce que j'avès faict et vous faire voir
« aussi le modelle de la gallerie de Clagny dan tout
« sa perfection et avect le changement que vous
« m'avié ordoné d'i faire, et pet-estre aurè-ge eu le
« boneur de vous plere en quelque chause qui est le
« seul bin où j'asepire.

« Si je ne creniès pas de vous importuner trop en
« vous escrivent unne trop grande letre, Monsei-
« gneur, je ne manquerès pas de vous faire conoître
« la douleur que j'ay resan[tie] dans la creinte que
« j'ay de vous déplère en quelque chause ; et sy j'é-
« tès assé maleureux que cela fût, je vous suplis,
« Monseigneur, de me le vouloir dire, affein que je
« me corige, et que par la suite je puice mériter que
« vous me regardié favorablement.

« Je ne vous romperay poins la teste, Monsei-
« gneur, des soins que je prans à Clagny, mais je
« vous direz seulement que g'i suis au moins trois ou
« quatre jours la semeinne ; l'on travaille à tout les
« corniche qu'il vous a plu de régler ; l'on pose la
« menuiserie dan le bastiment de l'èle de la gale-
« rie ; la corniche de ladit galerie est presque au trois

« quart faite, j'ai doné depuis peu le reste de touts
« les mesure pour les quabines de marbre que vous
« faite faire dans le parque de Versaille au cabinet de
« la Renomée, insy que uous me l'avé comandé.

   « Pardoné, s'y vous plés, Monseigneur, à la li-
« berté que je prand de vous etcrire, mès ce n'est
« que par la passion que j'ay de vous assurer, avect
« un profond respect, combin je suis très-humble-
« ment,

   « Monseigneur,

      « Vostre très-heumble, très-obéissant et très-af-
   « fectioné et soumis serviteur.

                    Mansart. »

Gabriel Peignot, *Documents authentiques et détails curieux sur
les dépenses de Louis XIV.* p. 19-21. (Paris, 1827, in-8º). Cette
lettre a été imprimée plus d'une fois. Nous la citons d'après
Peignot qui dit en avoir eu l'original sous les yeux.

V

DON DU CHATEAU DE CLAGNY ET DE LA TERRE DE GLATIGNY A MADAME DE MONTESPAN

                              Versailles, janvier 1685.

   Louis, par la grâce de Dieu, Roy de France et de
Navare, à tous présens et à venir salut.

   Désirant traiter favorablement notre chère et bien

amée la Dame de Montespan, à ces causes et autres bonnes considérations à ce nous mouvans, nous luy avons donné, octroyé et délaissé, donnons, octroyons et délaissons par ces présentes signées de notre main le chasteau que nous avons fait bastir à Clagny, avec les terres dépendant dudit Clagny, ensemble la terre et maison seigneurialle de Glatiguy et les terres qui nous appartiennent dans la parroisse de Montreuil proche de nostre chasteau de Versailles, avec leurs appartenances et dépendances, ensemble les bois du parc dudit Glatigny et les autres bois acquis par nos ordres tant ès environs de cette ville de Versailles que dans plusieurs autres paroisses, le tout spéciffié par le menu dans l'estat que nous en avons fait dresser lequel est cy attaché sous le contrescel de notre Chancellerie, de tous lesquels biens et héritages nous n'avons pas fait de réunion à notre Domaine ny à notre Couronne, pour d'iceux jouir et user ladite Dame de Montespan pleinement et paisiblement, sa vie durant seulement, et après son déceds nous voulons et entendons que notre très-cher et très-amé fils légitimé Louis-Auguste de Bourbon, duc du Mayne, colonel général des Suisses et Grisons, jouisse des susdits biens aussy sa vie durant et, après son déceds, l'aisné de ses enfants males nay en loyal mariage et après luy successivement d'aisné en aisné masle aussy nay en loyal mariage ; et au deffaut du dernier mâle issu en ligne directe de notredit fils le duc du Mayne, nous voulons que notre très cher et très amé fils légitimé Louis-Alexandre de Bourbon, comte de Thoulouse, admiral de France, jouisse pareillement desdits biens sa vie durant et, après son déceds, l'aisné de ses enfants masles aussy nay en loyal mariage et ainsy successivement de masle en masle, comme il est dit cy-dessus, au deffaut du dernier desquels nous voulons en ce cas que tous lesdits biens reviennent à nous et à nos successeurs Roys pour en disposer selon, ainsy et en faveur de qui bon nous semblera.

Si donnons en mandement à nos amez et feaux conseillers les gens tenant notre cour de Parlement de Paris et chambre de nos Comptes au dit lieu que ces présentes ils ayent à faire registrer et du contenu en icelles jouir et user ladite Dame de Montespan, notre dit fils le duc du Mayne et notre dit fils le comte de Thoulouze et les aisnez de leurs enfans masles en la manière susdite, pleinement et paisiblement, cessant et faisant cesser tous troubles.

Car tel est notre plaisir.

Et afin que ce soit chose ferme et stable à tousjours, nous avons fait mettre notre scel à ces dites présentes. Donné à Versailles, au mois de janvier l'an de grâce 1685 et de notre règne le 42ᵉ.

LOUIS

Par le roi, Colbert

(Arch. Nat. reg. O¹ 29, f° 4 v° et carton O¹ 3925)

VI

BON DU ROI ET PERMISSIONS DU GOUVERNEUR DE
VERSAILLES CONCERNANT DES MATÉRIAUX ACCORDÉS
A LA REINE POUR SA COMMUNAUTÉ.

Versailles, 22 et 30 mars 1767.

Bon du Roi.

Il y a des fondations à l'ancien terrain destiné
pour y bâtir un hopital près le pré de Clagny : les
pierres dépérissent, la Reine les désire pour com-
mencer sa Communauté. Votre Majesté veut-elle bien
avoir la bonté de les accorder ? Le comte de Noailles
demande la permission à Votre Majesté de s'adresser
à M. le comte de Saint-Florentin pour avoir un
arrêt du Conseil et même des lettres patentes, s'il est
nécessaire, pour cette concession, y en ayant eu
pour les fondations de cet hopital qui n'a pas eu
lieu.

BON. *(Autogr.)*

Arrêté par le Roy le 22 mars 1767.

(Signé) LE COMTE DE NOAILLES.

11

Permission du Gouverneur de Versailles.

Philippe, comte de Noailles, Grand d'Espagne de la première classe, Duc de Mouchy, Prince de Poix, Marquis d'Arpajon, Vicomte de Lautrec, Baron d'Ambres et des États de Languedoc, etc., Lieutenant-Général des armées du Roi, Chevalier de la Toison-d'Or, Grand-Croix de Malthe, Gouverneur et Capitaine des Chasses des villes, châteaux et parcs de Versailles, Marly et dépendances, etc.

En conséquence du Bon du Roi, il est permis à M. Mique, chevalier de l'ordre de Sa Majesté et premier architecte de la Reine, de s'emparer du terrein du Domaine où sont les fondations de l'hopital projetté par feu Monseigneur le Dauphin et qui est entouré de murs, le Roi ayant accordé les pierres des dites fondations pour servir à la Communauté de la Reine et lorsque M. Mique aura fait enlever toutes les dites pierres il fera reboucher les trous et remettra le terrein en bon état, affin que le Roi puisse en disposer comme il le jugera à propos.

Fait à Versailles, le trente mars mil-sept-cens-soixante-sept.

(Signé) LE COMTE DE NOAILLES.

Autre permission du Gouverneur de Versailles.

« Philippe, comte de Noailles, etc.

« Il est permis à M. Mique, chevalier de l'ordre du Roy et premier architecte de la Reine, de faire tirer du moelon dans le parc de Glagny pour la Communauté de la Reine pendant le courant de la présente année, à condition de faire reboucher tous les trous qui auront été faits et de remettre le terrein en état d'être planté.

« Fait à Versailles, le trente mars mil-sept-cens-soixante-sept.

« *(Signé)* LE COMTE DE NOAILLES. »

(Arch. nat., *papiers Mique*, T. 630.)

VII

Résumé de l'ÉTAT DES CHATEAUX DE CLAGNY ET GLATIGNY, MAISONS, BOIS ET REVENUS EN DÉPENDANT ET Y JOINTS, PAR ORDRE DU ROI, POUR ÊTRE POSSÉDÉS A L'AVENIR PAR LA DAME DE MONTESPAN.

Versailles, 11 janvier 1685.

	DÉSIGNATION DES BIENS	SUPERFICIE		REVENU		
		arpents	perches	livres	sols	deniers
1	Cinq petites maisons dépendant des châteaux de Clagny et Glatigny			200		
2	Rentes foncières de Glatigny, un chapon et			143	2	4
3	Terres labourables de Glatigny	276	96 1/3	1470	9	
4	Prés de Glatigny	83	23	1143	5	6
4 bis	Friches et pâtures de Glatigny	6	75			
5	Bois de Glatigny, hors du parc	362	35	3201	17	2
6	Terres de Clagny et de Montreuil	27	48 1/2	153	16	3
7	Prés de Clagny et de Montreuil	10	34 1/4	146	11	5
7 bis	Friches de Clagny et de Montreuil	17				
8	Bois de Clagny	18	72 1/2	140		
9	Bois de Louveciennes	10	58	117		

No.		Arpents	Perches	Livres	Sols	Deniers
10	Bois de la Malmaison..................	117	46	1188	13	
11	Bois de Rueil......................	133	17	1056		5 5
12	Bois de Ville-d'Avray..............	88		880	6	3
13	Bois de Marnes....................	13	43	134		11 obole
14	Bois de Montreuil, Porchefontaine, Viroflay et Chaville............	67	96	598	5	5
15	Bois de la Celle...................	135	68 1/2 et 1/3	843	16	3
16	Bois de Bougival..................	15	99 1/2	177	6	11 obole
17	Bois de Jouy......................	131	36	659	4	9
18	Bois de Marly.....................	46		366	1	4
19	Bois de Verrières, Amblainvilliers et Bièvres.	235	88 1/2	2684	14	4
20	Bois de Gatigny, dans le parc.............	227	17 1/2	2187	12	6
	TOTAL de la *superficie*, à raison de cent perches par arpent et de vingt pieds par perche.........	2025	54 2/3 et 1/4			
	TOTAL des *revenus*,...............			17492	2	2 obole

(Arch. nat., P. 2253², copie collationnée le 18 février 1685.)

NOTES SUR LES PLANCHES INSÉRÉES DANS L'OUVRAGE

I

PORTRAIT DE MADAME DE MONTESPAN

Parmi les divers portraits peints ou gravés de Mme de Montespan que nous avons pu voir, soit à Paris, notamment lors de l'exposition des portraits nationaux (1878) (1), soit à Versailles (2), aucun ne nous a paru mériter d'être préféré à celui que reproduit la belle gravure d'Etienne Picart, placée en tête de notre livre. Elle montre la favorite à l'apogée de son règne et de sa beauté.

(1) Trois étaient exposés : l'un de Pierre Mignard, appartenant au musée de Troyes ; l'autre de Jacques Van Loo, à M. H. J. Reinach, de Paris ; le dernier, du xvii⁰ s., à M. Whitelocke, d'Amboise.

(2) Le Musée du château de Versailles possède trois portraits de Mme de Montespan ; mais ils sont assez insignifiants.

II

Vue de l'Ancien Chateau de Clagny

Il se trouve au Musée du château de Versailles, dans la salle des résidences royales, une *vue de Versailles du côté du château de Clagny* peinte vers 1678 par Jean-Baptiste Martin (1). Ce tableau représente, au premier plan, le nouveau château de Clagny, œuvre de Mansart. Sur la gauche du château se voit une petite tour entourée de quelques dépendances. Cette tour, nous pouvons l'affirmer, n'est autre chose que l'ancien manoir féodal. Elle répond parfaitement aux descriptions qui nous en sont restées et que nous avons citées. Elle est de plus, fait décisif, expressément indiquée, à cette même place, sur une estampe du temps (1679), de Perelle (2), sous la rubrique « tour de l'ancien Clagny ». Le dessin que nous en donnons est dû au crayon de M. Legrand, peintre paysagiste, qui a bien su détacher du tableau de Martin et mettre en lumière, tout en le reproduisant fidèlement,

---

(1) Elève de Van der Meulen, né à Paris en 1659, mort dans la même ville le 8 octobre 1735.

(2) Conservée au Cabinet des Estampes, de la Bibliothèque nationale.

le vieux château des Dauvet, des Lescot et des Champrond. C'est là que Mme de Montespan recevait la Cour; c'est de là qu'elle surveillait ses ouvriers, pendant les travaux de Clagny.

III

VUE DU CHATEAU DE MADAME DE MONTESPAN

Il existe à la Chalcographie deux vues du château de Clagny, au xviiie siècle, par Rigaud. La première représente le château du côté de la cour d'entrée, c'est-à-dire du côté de Paris. La seconde donne la façade regardant l'étang.

Nous nous sommes décidés à reproduire la seconde vue, de préférence à la première, parce que le lecteur peut se rendre compte de l'effet que présentait la façade principale de Clagny en se reportant à l'ouvrage de M. Le Roi. Là se trouve insérée (tome I, p. 12) une vue du château de Clagny en 1676, qui n'est qu'un projet — puisqu'à cette date le château n'existait encore que sur les plans de Mansart — mais qui donne cependant une assez juste idée de l'entrée de Clagny du côté de Paris : le plan général du château, une fois construit, ne différant guère du premier projet.

Les vues de Clagny que l'on connaît, soit à Paris,
soit à Versailles, sont fort nombreuses; et, en dehors
des dépôts publics de ces deux villes, plus d'une
collection particulière en offre une assez riche
série ; mais les intéressantes gravures du Louvre
nous ont paru mériter la préférence.

IV

PLAN DE CLAGNY EN 1728

Si les vues de Clagny sont nombreuses, les plans
de Versailles et de Clagny reproduisant l'ancien
domaine ne sont pas moins abondants. La
Bibliothèque de la ville de Versailles (1), le départe-
ment des estampes de la Bibliothèque Nationale, les
Archives Nationales en possèdent une grande quantité. Divers particuliers en ont eux-mêmes de curieux
exemplaires. M. Manuel, notamment, l'habile architecte de la préfecture de Versailles, possède un grand
plan original de Versailles (2) qui est bien certainement, de tous ceux que nous avons examinés, l'un

(1) Un atlas des principaux plans de Versailles a été envoyé
par la ville de Versailles à l'Exposition universelle de 1878.

(2) L'auteur de ce plan est Le Cadet, ingénieur-géographe à St-
Germain, au siècle dernier.

des plus importants et des plus dignes d'intérèt. Qu'il nous soit permis de le remercier ici de la bienveillance avec laquelle il l'a mis à notre disposition.

Il fallait faire un choix entre tant de richesses. Le nôtre a porté sur le plan du *Petit Parc de Versailles*, dressé par Alexandre Lemoine en 1728, qui est conservé à la Bibliothèque de la ville de Versailles et qui reproduit avec une grande netteté, à une date certaine, le plan du château et, des jardins de Clagny (1).

V

EMPLACEMENT DU CHATEAU DE CLAGNY

Il convenait, croyons-nous, pour compléter notre étude, d'y joindre un plan représentant à la fois l'ancien domaine de Clagny et le quartier de Versailles qui se trouve aujourd'hui sur son emplacement.

Pour l'ancien domaine, nous venons le dire, nous avons pris pour guide le plan dressé en 1728. C'est à ce document qu'est donc emprunté le tracé de notre plan rétrospectif.

---

(1) Le dessin des jardins et de l'étang a souvent changé. Le plan que nous donnons ne reproduit donc que l'état du domaine *en 1728.*

Quant au quartier actuel, nous le donnons d'après le plan courant de Versailles (1), celui de MM. Loge-rot et Gaultier ; le beau plan de Versailles (2) que vient d'achever M. Ruelle, ingénieur voyer de la ville, n'étant pas encore livré au public.

La difficulté était de fixer exactement l'emplacement du château de Clagny. Suivant M. Le Roi « le « centre se trouvait à peu près sur le boulevard de « la Reine, les deux ailes s'étendant l'une vers le « Lycée, l'autre sur le chemin de fer (3) ».

D'après une intéressante notice sur Clagny publiée par M. Gauthier en 1875 (4), le château était placé entre le chemin de fer et le boulevard de la Reine.

Ces renseignements ne nous suffisant pas, nous avons minutieusement relevé sur les nombreux plans de Versailles qui ont passé sous nos yeux (5) toutes les indications propres à nous aider dans notre dessein.

Voici le résumé de nos observations; si elles n'ont pas une précision mathématique, c'est que les plans

---

(1) Nous avons fait réduire à l'échelle de ce plan l'ancien plan de Lemoine.

(2) Plan de Versailles en 1875.

(3) Le Roi, *Hist. de Versailles*, t. I, p. 7.

(4) *Almanach de Versailles pour 1875*, p. 106.

(5) Dresser la liste de ces plans serait le sujet d'une monographie. Il y aurait un bel atlas à faire des anciens plans de Versailles, à l'imitation de celui que la ville de Paris a récemment publié.

sur lesquels nous les avons faites étaient eux-mêmes souvent dépourvus d'échelle :

1° Le centre du Château de Clagny se trouvait à un peu moins de 300 toises de la place du Marché et de l'avenue de Picardie,

2° et à un peu moins de 600 toises de l'entrée du parc de Versailles ;

3° Une perpendiculaire élevée suivant l'axe du château tomberait, sur l'avenue de Picardie, à égale distance, à peu près, du carrefour de Montreuil et de la barrière de Picardie ;

4° De la base de l'étang de Clagny à l'avenue de Picardie, il y avait un peu moins de 500 toises ;

5° La façade principale du château avait environ 100 toises de longueur ;

6° Du bout des jardins, du côté de l'étang, à la rue Duplessis actuelle, il y aurait, à peu près, 50 toises ;

7° Du château à l'étang, il y avait un peu plus de 100 toises.

Ces renseignements indiquent, on le voit, la distance à laquelle se trouvait le château d'avenues ou de rues encore existantes. Nous n'avons eu, par conséquent, qu'à placer le château sur le plan actuel de Versailles à la même distance de ces diverses voies pour connaître approximativement la place qu'il occuperait aujourd'hui. Il se trouverait, si nous ne nous trompons, sur la voie du chemin de fer de

la rive droite, un peu en avant des hangars qui sont
à l'entrée de la gare, et sur le boulevard de la
Reine ; et c'est là que nous l'indiquons dans notre
plan rétrospectif. Une fois le château fixé, les jardins
et l'étang se placent naturellement entre l'avenue de
Saint-Cloud, l'avenue de Picardie, la rue Neuve, la
rue de Maurepas et la rue des Missionnaires, dans
ce « nouveau quartier de Clagny », comme on disait
au siècle dernier (1), qui est aujourd'hui le quartier
Notre-Dame.

Des fouilles seraient d'ailleurs à faire pour éluci-
der définitivement la question et pour déterminer
plus sûrement la situation des divers corps de
bâtiment de Clagny. Les travaux exécutés, à diffé-
rentes époques, par les services départementaux ou
municipaux de Versailles n'ont amené, à notre
connaissance, la découverte d'aucune trace de l'ancien château.

Seules, quelques fouilles, faites sous la voie du
chemin de fer de la rive droite en 1878, ont fait
rencontrer, près d'un des hangars situés à l'entrée
de la gare, certains restes de fondations appartenant

---

(1) Voir aux Archives nationales. dans O1 1859, le « Plan pour
« servir à déterminer l'emplacement des cimetière, lavoirs publics
« et corderie en dehors du *nouveau quartier de Clagny* à Ver-
« sailles. »

évidemment à l'ancienne demeure de Mme de Montespan (1). Ces débris sont, avec quelques pierres sculptées, don de M. Petit, exposées à la bibliothèque de la ville de Versailles (2), tout ce que nous ayons pu retrouver de l'œuvre de Mansart (3).

(1) Lors de l'établissement de la voie, on a dû, ce semble, se heurter plus d'une fois, dans les travaux exécutés à l'entrée de la gare, à des parties de murs de l'ancien château ; mais nous n'avons pu recueillir aucun renseignement à ce sujet. M. le chef de gare, qui a eu l'obligeance de nous signaler la découverte faite en 1878, n'a pu nous fournir aucune autre indication à cet égard.

(2) Ces deux ou trois pierres sont dans l'une des pièces situées au-dessus des salles de lecture.

(3) Des fouilles exécutées dans la partie du grand terrain de M. Roche, aujourd'hui en vente, qui avoisine la voie, donneraient lieu sans doute à d'utiles découvertes.

TABLE

DES NOMS DE PERSONNES ET DE LIEUX

W

TABLE DES MATIÈRES

ERRATA

Page 23, ligne 1, mettez une virgule après *auteurs*.

Page 25, lignes 4-5, au lieu de *aux termes de son testament*, lisez *aux termes d'un acte préparatoire, antérieur d'un jour à son testament*

Page 25, lignes 7-8, au lieu de *ce précieux document*, lisez *ces précieux documents*

Page 27, ligne 10, à l'article *Jean Lescot ?* au lieu de *nous n'inscrirons*, lisez *nous n'inscrivons*

Page 34, ligne 15, au lieu de *Gaudechart,* lisez *Gaudichart.*

Page 49, ligne 12, au lieu de *vous,* lisez *nous*

Page 58, note 5, ligne 3, mettez une virgule après *Clagny*

Page 59, note 3, ajoutez : M. Lavallée croit plutôt que le mariage eut lieu « dans la nuit du 12 juin 1684. » *(Mme de Maintenon et la Maison de St-Cyr,* 2ᵉ éd., p. 33.)

Page 62, note 3, ligne 8, au lieu de *gauche* lisez *à gauche*

Même page, même note, ligne 9, mettez une virgule après *jardins*

Page 71, lignes 2, 3, 5, 10, au lieu de *fr.* lisez *l.* (livres).

Page 77, troisième avant-dernière ligne, au lieu de *pouvai* lisez *pouvait.*

Page 77, note 1, ajoutez : *les lettres de don du château de Clagny au duc du Maine furent expédiées en juin 1709 (Arch. nat.,* O¹ˣ53, *f°* 69*)*

Page 80, note 1, *ajoutez :* Onze autres de ces pièces (généralement à 1/6), rappelant les divers types du temps, se trouvent, croyons-nous, au Musée de l'Artillerie, où nous avons pu les examiner à loisir, guidés par les soins obligeants du savant conservateur du Musée, M. le colonel Robert. Toujours est-il qu'elles ont appartenu au duc du Maine, dont elles portent le nom, qu'elles sont toutes de même fabrication et, chose à noter, parfaitement semblables de style et que six d'entre elles sont montées sur des affûts pareils. Il y a bien des probabilités pour que ce soient là les canons offerts au prince par la ville de Paris.

Page 83, ligne 18, supprimez la virgule après *L'étang*

Page 84, ligne 8, au lieu de *du bel* lisez *du plus bel.*

Page 87, note 2, au lieu de *de Lorme* lisez *Delorme*

Page 91, ligne 17, au lieu de *vivai* lisez *vivait*

Même page, note 2, au lieu de *actue* lisez *actuel.*

Page 95, note 1, ligne 2, au lieu de O¹ˣ3925 lisez O¹3925

Page 103, au lieu de *IV* CLAGNY, etc., lisez 6. CLAGNY.

Page 104, note 3, dernière ligne, au lieu de *oué* lisez *loué*

Page 124, à la pagination, au lieu de 24, lisez 124

Page 149, ligne 8, au lieu de *eue,* lisez *feue.*

Épernay. — Imp. BONNEDAME ET FILS.

OUVRAGES DU MÊME AUTEUR

DE LA RÉUNION DE LYON A LA FRANCE. — Étude historique, d'après les documents originaux. Paris, 1875, 1 vol in-8°.

Mention honorable de l'Institut (Concours des Antiquités nationales de 1875).

DES SOUFFRANCES FÉODALES AU MOYEN AGE. — Paris, 1876, br. in-8°.

(Extrait de la Bibliothèque de l'École des Chartes, t. XXXVII).

UNE SOUSCRIPTION AU XVIIIᵉ SIÈCLE. — Paris, 1877, br. in-8°.

QUELQUES MOTS SUR LES DAMES DAMÉES. — Paris, 1877, br. in-8°.

EN VENTE A LA MÊME LIBRAIRIE

L DUSSIEUX, professeur honoraire à l'École de Sᵗ-Cyr. — LE CHATEAU DE VERSAILLES, histoire et descript. n. 2 vol. in-8° avec gravures et plans, 25 fr.

VIENT DE PARAÎTRE

www.ingramcontent.com/pod-product-compliance
Lightning Source LLC
Chambersburg PA
CBHW051525050726
47503CB00014B/1824